Die Rückkehr des Folterknechtes

Jean P.

Impressum

Die Rückkehr des Folterknechtes (Zweiter Teil der Schloss B. - Trilogie)
von Jean P.

Alle Rechte vorbehalten. Nachdruck und sonstige Verwertung nur mit schriftlicher Genehmigung.

© Jean P., 2016 – publiziert von telegonos-publishing
(2. überarbeitete Auflage der Originalausgabe von 2011)
ISBN-10: 384-7667394
ISBN-13: 978-3847667391
www.telegonos.de (Haftungsausschluss und Verlagsadresse auf der website)

E-mail des Autors: jp@telegonos.de
Covergestaltung: © telegonos-publishing (unter Verwendung einer Vorlage von www.pixabay.de)
Sämtliche Personen und Vorkommnisse sind frei erfunden. Ähnlichkeiten mit lebenden oder verstorbenen Personen sind rein zufällig. Romanfiguren können möglicherweise darauf verzichten, aber im realen Leben gilt: Safer Sex!

Da war irgendwann eine sogenannte *Gemeinschaft* entstanden, die das lustvolle Spiel von Dominanz und Unterwerfung zu kultivieren versuchte. Einmal jährlich traf man sich zu einem rauschenden Ball auf Schloss B.
Manche wissen schon, dass bei einem der zurückliegenden Bälle etwas Besorgniserregendes vorgefallen war. Der *Folterknecht* der Gemeinschaft war aus dem Ruder gelaufen.
Aber seine *Sklavin*, die *Rothaarige,* konnte nicht nur aus seinen Pranken befreit werden, sondern sie fand auch in *Eva*, der Vorsteherin der Gemeinschaft eine neue Herrin.
Allmählich, so glaubte man, hatten sich die Wogen geglättet, doch dann geschah Ungeheuerliches....

Lesehinweis:
4 Geschichten (1. Ziffer) mit jeweils 7 Kapiteln (2. Ziffer) sind zur Gesamthandlung miteinander verwoben. Man kann wie gewohnt alles chronologisch hintereinander lesen oder jeder Geschichte einzeln folgen.

1-1

Eines Tages kam der Folterknecht, weil er die Rothaarige, seine frühere Sklavin, die er vor langer Zeit an Eva verkauft hatte, zurück haben wollte.

Eva und die Rothaarige waren völlig überrascht. Sie hatten ihn aus dem Gedächtnis gestrichen.
Eben waren sie dabei, die Vorbereitungen für den nächsten Tag zu treffen, an dem zwei weitere Novizinnen dazu stoßen sollten, als er plötzlich in der Tür stand. Das abgelegene Haus, das sie ein Jahr zuvor erworben hatten, stand eigentlich immer offen. Hierhin hatte sich noch niemand verirrt. Nur die der Gemeinschaft Zugehörigen kannten diesen Ort.

Die Rothaarige war von Eva an Händen und Füßen gefesselt worden und lag rücklings auf einer breiten, flachen Lederpritsche. Sie testete die Maschine, die sie zu Trainingszwecken angeschafft hatten. Das leichte Brummen des Elektroantriebes begleitete das Ein und Aus des Kunstphallus' in ihrer Grotte. Eva kniete über dem Kopf der Rothaarigen und ließ sich von ihr züngeln.
Obwohl ihr dadurch die Sicht versperrt war und das säuselnde Geräusch der Maschine sowie deren Penetrationsarbeit ihr eine Reihe weiterer Orientierungsschwierigkeiten bereiteten, war es die Rothaarige, die den Folterknecht zuerst bemerkte.
Sie machte Anstalten zu schreien und zerrte an ihren Fesseln, was Eva zunächst so interpretierte, dass sich ihre Sklavin gegen die ihr aufoktroyierte Liebespflicht

zu wehren suchte. Aus Disziplinierungsgründen konnte sie das natürlich nicht zulassen.

Erst, als deren von ihren Schenkeln fixierten und durch ihren Schoß erstickten Befreiungsversuche ein Stadium erreicht hatten, dass die stimulierende Wirkung der Tätigkeit ihrer Sklavin unangenehm werden ließ, schreckte sie auf. Doch da war es schon zu spät.

Der Folterknecht stand hinter ihr, hatte mit einer Pranke ihr Gesicht gepackt, hielt ihr den Mund zu, griff mit der anderen Pranke um ihre nackten Brüste und zerrte sie herunter. Ein hämisches, böses Grinsen breitete sich in seinem Gesicht aus. Es mündete in ein polterndes, hämmerndes Gelächter, als der nunmehr erfolgte Entsetzensschrei der Rothaarigen sich Raum verschaffte und durch das Kellergewölbe hallte.

2-1

Liebe Teresa!

Als wir uns Anfang des Jahres trafen, hast du mich gefragt, wie es mir geht und was ich so treibe, nachdem ich nach jenen Ereignissen auf Schloss B. mit der Rothaarigen zusammengezogen bin. Ich nenne meine Liebste weiter die 'Rothaarige', wenn ich von ihr erzähle, weil ich ja weiß, dass sich das bei euch allen so eingebürgert hat. Ich habe durchaus mitbekommen, wie ihr alle oft spöttisch von 'Eva und der Rothaarigen' gesprochen habt. Es ist mir egal. Manchmal nenne ich meine Liebste selber so und sie weiß dann, dass es ein Zeichen dafür ist, dass ich zu ihr stehe und sie zu mir gehört.

Als du mich damals wegen Jean verlassen hast, bin ich in ein tiefes Loch gefallen. Ich habe es mir nicht anmerken lassen, aber du wirst aus den ganzen Inszenierungen auf Schloss B. und auch davor schon in Jacques' und Gudruns Villa deine Schlüsse gezogen haben. Die Vertrautheit, die uns früher verband, war nun einmal real existent. Dir wird also klar gewesen sein, dass ich mein 'Loch' habe etwas füllen müssen.(Eigentlich eine blöde Formulierung, fällt mir gerade auf.!) Hast ja von allem, was passiert ist, auch ein wenig profitiert, wie ich hörte, und lebst glücklich mit deinem lieben Jean zusammen.
Dein lieber Jean... Was der so angerichtet hat mit seinen Phantastereien. Und du hast dich da noch daran gehängt. Da habt ihr also nun euer unaufgearbeitetes Seelenleben beschrieben und auch noch Romane daraus ge-

macht! Nun ja, erfolgreich immerhin, was man so hört. Und gut, das muss ich eingestehen.
Aber ich, was soll ich groß darum herumreden, ich habe das alles verwirklicht! *Ich habe Ernst gemacht mit der Schule!* Ja, es ist wahr, und dein Erstaunen darüber wird sich wahrscheinlich sogar in Grenzen halten, weil du mich kennst wie kein anderer und weißt, dass ich die Dinge tun muss! Das war ja auch so ein Punkt, bei dem wir an Grenzen gestoßen sind... Aber die Vertrautheit, die zwischen uns war, ermöglicht mir, mit dir darüber zu reden. Du bist der einzige Mensch, dem ich das vermitteln kann, auch wenn ich befürchten muss, dass du und dein lieber Jean wieder einen Roman daraus macht. Könnt ihr ruhig! Ist mir egal. Meinen Segen habt ihr!
Vielleicht wirst du aber davor zurückschrecken, wenn du entdeckst, was du alles verpasst hast. All die nicht gelebten Anteile in dir tauchen da wieder auf, von denen auch dein ach so geliebter Jean gar nichts weiß. Oder irre ich mich da? Ich würde es euch wünschen...

Nun kommt meine Liebste nach Hause. Ich muss mich ihr widmen. Sie soll – jedenfalls einstweilen – nichts davon wissen, was ich dir schreibe. Sie ist so ein unkomplizierter, einfacher und liebenswerter Mensch. Dass es so etwas noch gibt, hätte ich gar nicht gedacht. Sie bemüht sich und geht ganz in ihrer Liebe zu mir auf. Täglich überschüttet sie mich mit neuen Liebesbeweisen und erfüllt alle ihr auferlegten Pflichten mit Ernsthaftigkeit und Hingabe.
Ich muss gut auf sie aufpassen. Ihr einfaches Gemüt bereitet mir manchmal Sorgen. Bin mal gespannt, wann und ob es den Punkt gibt, an dem sie sich auflehnt. Ich werde behutsam damit umgehen. Das verspreche ich dir

in alter Verbundenheit und du weißt am besten, dass ich mich dementsprechend verhalte, oder? Sag mir bitte, wenn du anderer Meinung bist. Deine Kritik würde ich akzeptieren.

Heute habe ich ihr die Aufgabe aufgetragen, sich auf dem Weg hierher vom Büro, in dem sie seit einiger Zeit arbeitet, mindestens dreimal selbst zu befriedigen. In der Öffentlichkeit, versteht sich. Findest du das übertrieben? Sie trägt einen gar nicht mal so kurzen, blauen Plisseerock, unter dem sie natürlich nackt ist. (Jean wird bestimmt einen Steifen kriegen, wenn du ihm das erzählst oder vorliest. Der steht doch auf so was, oder hab ich das falsch in Erinnerung?)
Ihr Weg führt sie ein Stück weit durch den Park, und auch an der Allee gibt es einige Gelegenheiten, wie du weißt... Ich erwarte gleich ihren Bericht und ich weiß, dass sie(!) nicht lügt!

In einigen Wochen werden wir wieder nach B. fahren. Ich habe dort irgendwo in der Nähe ein wunderschönes, altes Haus gekauft, in dem ich mit der Sklavinnenschule begonnen habe – ich gebe zu, ein wenig nach 'seinen' Plänen.
Wir werden dann mit unserem nächsten Kurs beginnen. Es läuft, sage ich dir. Über mangelnde Nachfrage kann ich nicht klagen. Aber nun Schluss fürs Erste. Mehr demnächst.

E.

3-1

Sie fühlte sich momentan überfordert. Eben war sie dabei, im Hinterzimmer ihres Ateliers bei einer neuen Kundin die Maße für ein *O-Kleid* zu nehmen, das diese beim nächsten Ball auf Schloss B. tragen sollte, als schon wieder das Telefon läutete. Sie befürchtete, dass es sich um einen weiteren Auftrag handelte und dachte schon über eine passende Ausrede nach, da sie der momentanen Nachfrage nicht mehr Herr wurde.
Aber es was Jacques, der sein Kommen ankündigte. Ganz nebenbei erwähnte er, dass Jean ihm telefonisch mitgeteilt habe, dass er sich wünsche, dass sie für Teresa zu deren demnächst anstehendem Geburtstag ein schönes Kleid schneidern sollte. Sie wüsste schon, worum es ging, schließlich sei es schon einige Male angesprochen worden.
Sie wusste es und sie wusste auch, dass der Geburtstag Teresas nicht mehr in allzu weiter Ferne lag. Wie sie das alles schaffen sollte, wusste sie nicht.

Als sie aufgelegt hatte, trafen sich ihre Blicke für einen Moment mit den fragenden Blicken des Gebieters der Kundin, der in der Ecke auf dem breiten Sofa saß und zuschaute. Sie ignorierte es und fuhr fort, die Maße aufzuschreiben.
Die Kundin war mittleren Alters, hatte kurze braune Haare und ihre rundliche Figur, die einige Pölsterchen aufwies, strahlte Weiblichkeit und hingebungsvolle Bereitschaft aus. Ihr Teint war makellos, weich und fast weiß. Sie hatte sich zuvor, auf den Befehl ihres Gebieters hin, bis auf den Strumpfgürtel aus schwarzer Spitze

und die daran befestigten hellbraunen Strümpfe ausziehen müssen. Ohne zu murren war sie diesem Befehl gefolgt und ließ nun mit zu Boden gesenktem Blick die Maßnahme Gudruns über sich ergehen.
Die Brustwarzen ihrer üppigen, aber straffen Brüste waren mit kleinen Ringen gepierct und zwischen ihren Schenkeln baumelte ein Kettchen, an dessen Ende eine silberne Metallplakette die Initialen ihres Gebieters aufwies. Das Vorbild war unverkennbar und Gudrun fragte sich, warum das Paar noch niemals in der Gemeinschaft aufgetaucht war. Sie nahm sich vor, bei nächster Gelegenheit mit Jacques über das Thema Kontaktpflege und die Regeln der Gemeinschaft zu reden. Es hatte schon einmal einen Fall gegeben, in dem jemand Kontakte und Regeln schamlos missbraucht und ausgenutzt hatte.

Als sie hinter der Frau in die Hocke ging, um die Länge der Beine abzumessen, berührte ihr langes, fast schwarzes Haar, das sie ganz offen trug, infolge einer unwillkürlichen Kopfbewegung, ein wenig deren Po. Das ebenso unwillkürliche, leichte Zusammenzucken der Frau veranlasste den Gebieter zu dem scharf formulierten Befehl, dass sie gefälligst still stehen solle, ansonsten werde er die Gerte bemühen. Demonstrativ nahm er dabei das Züchtigungsinstrument, das bisher neben ihm gelegen hatte, in seine Hände.

Gudrun fuhr, dies ignorierend, in ihrer Arbeit fort. Sie kniete sich nun auf ihr kleines Kissen, um mit ruhiger Hand das Maßband zu führen. Dabei musste sie zwangsläufig ihr einfaches, weites, hellbraunes Leinenkleid, das sie meist bei der Arbeit trug, etwas raffen, da es ihr fast bis zu den Knöcheln reichte. Den Regeln und auch ihrer inzwischen zur Gewohnheit gewordenen Vorliebe gemäß war sie stets nackt unter ihren Kleidern und ganz selten dachte sie überhaupt darüber nach. In diesem Moment hatte sie allerdings das Gefühl, dass die gierigen Blicke des Mannes den völlig undurchsichtigen Stoff ihres Kleides zu durchdringen suchten.

Als sie fertig war, erhob sie sich und bot an, ein Musterkleid zu holen, an dem sie die Funktionalität erläutern und einige Besonderheiten des Schnittes abklären könne. Die Kundin müsse dazu aber aus hygienischen Gründen ihr kurzes schwarzes Unterkleid wieder anziehen.

Der Mann, der mit dem, zu seinem grau melierten Haar und kurz geschorenen Bart passenden, schwarzen Nadelstreifenanzug äußerst distinguiert wirkte, nickte nur kurz zustimmend. Erst dieses Nicken veranlasste die Frau dazu, zu dem unweit von ihr stehenden Paravent zu gehen, um nach dem darüber hängendem Unterkleid zu greifen und es sich überzuziehen.

Gudrun bat um einen Moment Geduld, da sie das Musterkleid vorn aus dem Atelier holen müsse. In der Tat war es das einzige, was sie momentan da hatte und sie musste es zunächst der zur Präsentation dienenden Drahtgestellpuppe ausziehen.

Als sie in das Anprobierzimmer zurückkam, kniete die Frau zwischen den Beinen ihres Gebieters und sucierte ihn.

4-1

Liebster? Schau mal auf von deiner Arbeit. Gefällt dir mein neues Kleid? Ich konnte einfach nicht widerstehen!

Schatz, du siehst hinreißend aus!

Oh, ja! Bitte mach weiter. Mir wird ganz anders.

Aber Schatz, ich muss noch arbeiten.

Ach du! Bitte! Hab ich dir schon einmal gesagt, wie prickelnd dieser erste Moment ist, wenn du mit deiner Hand unter meinen Rock fährst und sie langsam höher gleitet? Oh, ja. So! Es ist wie ein Versprechen. Wenn du am Rand der Strümpfe bist, langsam die Strumpfhalter ertastest, zärtlich über meine Po streichelst und ganz allmählich.... Oh, ja, bitte!

Schatz, erst die Arbeit und dann das Vergnügen. Komm, setz dich. Ich muss dir etwas vorlesen.

Ach du! Du bist gemein!

Mein Schatz, du hast dich falsch hingesetzt. Hast du es gemerkt?

Na und? Du hast mich ja auch geärgert! So recht, der Herr?

Sei nicht so schnippisch, Sklavin! Sonst bekommst du die Gerte zu spüren!

Oh, mein Gebieter, soll ich sie holen?

*Später. Wirst noch genug jammern. Jetzt sei brav und hör zu! Ich habe ein neues **Bild** beschrieben.*

Ja, mein Gebieter. Ich bin ganz Ohr. Bitte verzeih meine Ungeduld.

Es sei dir verziehen. Du darfst dich berühren, während ich dir vorlese. Zieh dein Kleid hoch und spreiz die Beine!

Aber einen kleinen Kuss darf ich dir zuvor doch geben, oder?

Na meinetwegen, du Nimmersatt.

Deine Zunge ist auch wie ein Versprechen.

Du schmeckst salzig!

Ich habe gerade ein paar von den Oliven genascht, die ich uns zum Abendessen mitgebracht habe.

Du Naschkatze. Aber nun hopp!

Aua!

*Ich habe ein neues **tableau vivant** entworfen, nun hör doch mal zu!*

Ich hör doch zu, schon die ganze Zeit. Weißt doch, wir Frauen können mehrere Dinge gleichzeitig.

Deswegen habe ich dir ja auch erlaubt, dich zu streicheln, während ich vorlese!

Danke, mein Gebieter, aber ich möchte dich doch auch so gerne streicheln.

Später! Jetzt reicht's aber. Ich sagte doch: erst die Arbeit und dann das Vergnügen!

Ach du, man könnte das doch auch mal umdrehen....

Du treibst mich noch irgendwann in den Wahnsinn!

- - -

Du schmeckst auch salzig!

- - -

Bist du nun zufrieden?

Aber Schatz. Ich bin immer zufrieden, wenn wir zusammen sind.

Auch, wenn ich dich hochtreibe und dich dann nicht kommen lasse?

Manchmal kannst du ganz schön grausam sein!

Sehnst dich doch danach!

Aber Schatz, ich sehne mich doch immer nur nach dir!

Ich sehne mich nun danach, endlich etwas zu essen. Ich habe Hunger!

Aber du wolltest mir doch etwas vorlesen.

Hast mir ja nicht zugehört!

Hab ich doch!

Hast du nicht!

Jawohl!

Du bist auch grausam, du ewige Versuchung.

Gar nicht. Aua!

Das war fürs Widersprechen.

Soll ich mein weißes Servierschürzchen umbinden, während wir Essen machen?

Na, klar! Aber später ziehst du dann dein Kleid wieder an!

Ja, mach ich. Und hör dir ganz brav zu.

1-2

Der Folterknecht zerrte Eva, die sich mit Händen und Füßen wehrte, aber gegen seine grobschlächtige Kraft keine Chance hatte, zur gegenüberliegenden Wand hinüber.
Das Interieur des Raumes, das der Vielfältigkeit der Sklavinnenschule diente, wurde ihr zum Verhängnis. Ehe sie sich's versah, hatte er sie an einem Ensemble der dort mehrfach angebrachten, eisernen Fuß- und Handfesseln fixiert. Dann knebelte er sie und verband ihre Augen mit einem schwarzen Seidenschal, der dort irgendwo herumlag.

Die Rothaarige schrie immer noch und zerrte an ihren Fesseln. Als er zu ihr kam, konnte sie ihn nur noch mit weit aufgerissenem Mund und angstvollem Blick anstarren. Er nutzte es aus und stopfte auch ihr einen Knebel in den Mund. Dann fiel er über sie her.
Als er mit ihr fertig war, ging er zu Eva, ohrfeigte sie mehrfach und sagte: „Sie gehört mir! Die Zeit ist schon lange abgelaufen. Hast du wohl vergessen, Süße?"
Seine Hand wühlte in ihrem Geschlecht. Verzweifelt riss Eva an den Schellen. Ihr Kopf flog hin und her.
„Morgen nehme ich sie mit und bis dahin werde ich mich schadlos halten bei euch. Ich liege doch sicherlich nicht falsch, wenn ich vermute, dass du noch ein paar weitere Turteltäubchen unter deinem Dach beherbergst!"
Ganz feste kniff er ihr dabei in die Brustwarzen, so dass der durch den Knebel erstickte Schmerzensschrei dumpf durch den Raum brummte.

„Du hast nur eine Chance, dich selbst zu retten. Führe mich zu ihnen und befehle ihnen, mir zu dienen und alles zu tun, was ich verlange."
Verzweifelt wirbelte Eva mit dem Kopf hin und her. Ihre langen hellblonden Haare, die sie wie gewöhnlich hochgesteckt hatte, waren zerzaust und hingen wild auf ihren nackten Schultern. Wieder und wieder wühlte er mit seiner Pranke in ihrem Schoß und holte nun sein wieder erstarktes, mächtiges Glied hervor. Drohend reckte er es ihr entgegen.
„Wenn du nicht mitspielst, bist du fällig! Und alle anderen, die ich in diesem Haus finde, kommen anschließend an die Reihe!"

Er bemerkte wohl, dass sie nachdachte und es in ihrem Kopf rotierte. Darüber, dass es ihre einzige Möglichkeit war, überhaupt Einfluss zu nehmen. Mit der einen Hand hatte er immer noch ihren Schoß gepackt. Mit der anderen nahm er ihr den Knebel aus dem Mund. Sie keuchte.
„Ich höre", zischte er. Mit geschlossenen Augen nickte sie nur.
„Sag es. Und schau mich an!"
So unterwürfig wie sie konnte, schaute sie ihn nun an, um ihn zu besänftigen.

„Ich mache alles, was Sie wollen. Aber bitte tun Sie ihr nichts!"

2-2

Liebe Teresa!

Bevor ich beginne, dir von meiner Schule in B. zu erzählen, will ich dir noch rasch davon berichten, wie meine Kleine die Aufgabe gelöst hat, von der ich in meinem letzten Brief sprach. Ich will dich ein wenig neidisch machen, und wer weiß, vielleicht bietet es deinem allerliebsten Jean Anregungen dazu, so etwas mit seiner geliebten Sklavin auch einmal auszuprobieren.
Wie gesagt hatte sie die Aufgabe, sich dreimal in der Öffentlichkeit selbst zu befriedigen und mir anschließend davon zu berichten. Phantasievoll wie sie ist, hat sie das erste Mal auf ihren Arbeitsplatz im Büro verlegt. Sie meinte entschuldigend, ich hätte es ja nicht genau definiert, was ich unter Öffentlichkeit verstehe und der Weg vom Büro hierher beginne ja nun einmal dort.
Cleverness muss belohnt werden und so habe ich es akzeptiert. Überrascht war ich, als sie mir bei dieser Gelegenheit beichtete, dass sie schon seit einiger Zeit einen kleinen Vibrator in ihrem Schreibtisch versteckt hat. Du kannst dir ausmalen, dass ich ihr dafür einige Peitschenhiebe verpasst habe, bevor sie weiterreden durfte. Schließlich hat sie mich diesbezüglich vorher nicht um Erlaubnis gefragt.
Nun gut, was also bisher offenbar bereits heimlich geschah, musste sie nun während der Arbeit tun und zwar so, dass es bemerkt werden könnte. Was, um es vorweg zu nehmen, auch passiert ist. Ein Punkt für die Kleine und ihren Mut!

Auf die Details muss ich ja wohl nicht eingehen, schließlich hat dich so etwas ja mal fasziniert.... Aber wie du dich immer geziert hast! Ganz anders die Kleine. Hat, auf ihrem Stuhl sitzend, ganz einfach den Rock hochgeschoben, die Beine gespreizt, den Vibrator hineingesteckt und sich mit ihrer linken Hand (damit kann sie's besser, sagt sie) masturbiert, bis es ihr kam.
Als es ihr kam, wurde sie von einer Kollegin ertappt. Geistesgegenwärtig hat sie ihr versprochen, den Vibrator mal auszuleihen, wenn sie ihr verspreche, sie nicht zu verraten. Klasse, was?
Im Park hat sie es sich dann zum zweiten Mal besorgt – auf einer Bank am Palaisteich. Du weißt, dass es dort durchaus belebt ist. Erwartet hatte ich ja, dass sie sich ein stilleres Fleckchen sucht. Aber, wie schon gesagt, die Kleine ist mutig. Sie hatte dabei auch die ganze Zeit ihren zum Rock passenden Blazer, unter dem sie nur eine knappe Büstenhebe trägt, aufgeknöpft und ihre Nippel stimuliert. Dieses Ensemble, das sie da hat, ist äußerst praktisch. Es besteht aus eben dem taillierten Blazer und dem schon erwähnten, fast knielangen Plisseerock. Ich habe es ihr vor einiger Zeit gekauft. Das Dunkelblau steht ihr wunderbar. Es kontrastiert sehr schön zu ihrem Haar.
In der Regel erlaube ich ihr nichts darunter zu tragen außer selbsthaltenden Strümpfen und einem offenen BH. Da darf sie wählen. Hauptsache, Nippel und Muschi sind frei. Der Blazer, der nur mit zwei Knöpfen geschlossen wird, bietet schnelle Zugriffsmöglichkeiten. Gern lege ich ihr unterwegs mal ein paar Klemmen an. Es kommt ihr besonders schnell in dem Moment, wenn man sie wieder entfernt.

Jetzt ist sie wohl zwei Joggern bei ihrer Nippelkneterei aufgefallen. Sagt sie. Sie seien jedenfalls deutlich langsamer geworden. An der Allee hat sie es dann noch einmal probiert, aber dann doch das Muffensausen bekommen wegen der vielen vorbeifahrenden Autos. Immerhin hat sie dann noch berichtet, dass ihr beim Überqueren der Straße bei einem Windstoß der Rock hochgewirbelt wurde und sie ihn sich nicht heruntergehalten hat. Das habe ich ihr nämlich für den Fall, dass es einmal passieren sollte, strengstens untersagt.

Meine Strafe dafür, dass sie die Aufgabe nicht ganz erfüllt hat, fiel dann auch gelinde aus. Sie musste eine Stunde lang auf dem Balkon sitzen (auf dem, der zur Straße hinausgeht, natürlich) und mit kleinen an den Nippeln befestigten Gewichten ausharren.
Sie konnte es gar nicht erwarten, bis ich sie davon befreite und sie mich endlich lecken durfte. Süß, die Kleine, nicht wahr? Wenn du magst, erzähl ich dir gelegentlich von ein paar weiteren Aufgabenstellungen.

Die Einzelheiten, wie es zum Kauf des abgelegenen Hauses im Wald bei B. kam, lass ich mal beiseite. Du kannst dir vorstellen, dass ich im Vorfeld meine Kontakte hab spielen lassen und viel Zuspruch und Unterstützung aus der Gemeinschaft bekam.
Bevor es mit dem ersten Schulungskurs los ging, waren die Rothaarige und ich schon einige Tage vorher dorthin gereist, um alles einmal vorher durchzuexerzieren.
Das Haus ist wirklich toll! Ein altes Schätzchen sozusagen und – nachdem es einige Wochen zuvor renoviert und eingerichtet worden war – für unsere Zwecke bestens geeignet. Geeignet ist es aber auch durchaus ein-

fach zum Urlaub-machen und die Seele baumeln lassen. Aber, was red ich da. Letzteres ist ja ohnehin der eigentliche Zweck unserer Bemühungen.
Nach deinen Erfahrungen auf Schloss B. wirst du das ja wohl kaum infrage stellen, oder? Sonst hättet ihr dort ja auch sicher nicht eure Hochzeitsfeier abgehalten....(Nebenbei bemerkt, es war sehr schön und du warst bezaubernd in deinem Kleid. Sei nicht mehr böse, dass ich eher gegangen bin, als es der 'Etikette' entsprach. Du warst noch ganz schön in mir....)

Aber zurück zum Eigentlichen. Man kann im Haus gut und gerne zehn Personen unterbringen. Es ist sehr geräumig und an Komfort fehlt es auch nicht. Ich habe mich dazu entschlossen, die Anzahl der Teilnehmerinnen an den Kursen auf fünf zu begrenzen. Intensität und Nachhaltigkeit sind mir, wie du weißt, sehr wichtig. Die kleine Gruppe fördert den Lerneffekt und hilft, Ausdauer und Geduld zu lernen, da wirklich genug Zeit für alle Anliegen und die diesbezüglich durchzuführenden Übungen vorhanden ist.
Zu der ersten Schulung kamen drei Sklavinnen und zwei Novizinnen und ich habe dieses Konzept beibehalten. Auch zum in Bälde stattfindenden dritten Kurs wird es wieder so sein. Die Novizinnen profitieren von den Erfahrungen der Sklavinnen, die in der Regel zu Auffrischungs – oder Fortbildungszwecken teilnehmen, und die schon approbierten Sklavinnen können sich im Umgang mit den noch unbedarften Novizinnen noch einmal in die Aufgaben und Pflichten hineinspüren, die ihnen schon zu sehr zur Gewohnheit geworden sind und vielleicht nicht mehr mit der gebotenen Intensität erle-

digt werden. Dieses Konzept erhöht die Bewusstheit ungemein!

Beim ersten Mal handelte es sich bei den Sklavinnen überwiegend um Gebieter-Sklavinnen. Nur eine der Novizinnen war eine Herrinnen-Novizin. Ich habe ab dem zweiten Kurs darauf geachtet, eine ausgewogenere Zusammensetzung zustande zu bringen. Alles braucht seine Zeit. Beim nächsten Kurs werden es bei weiterhin fünf Teilnehmerinnen schon zwei Herrinnen-Novizinnen und eine Herrinnen-Sklavin sein! Es gibt also Nachwuchs! Die Herrinnen-Sklavin des nächsten Kurses kennst du übrigens....

Als an einem lauen Spätfrühlingsabend die Teilnehmerinnen von ihren Gebietern beziehungsweise von der Herrin gebracht wurden, waren wir beide schon etwas nervös. Wir ahnten noch nicht, wie viel Freude wir haben würden und wie schnell sich nach Abschluss der Schulungswoche der Erfolg herumsprechen würde. Aber ich will nicht vorweg greifen. Ich neige dazu und vergesse dann manche Einzelheit. Dabei sind es ja gerade die pikanten Details, welche die Seele zum schwingen bringen!

Zunächst einmal gab es ein sehr schönes Abendessen, das wir für alle im großen Saal des Hauses im Erdgeschoss organisiert hatten. Ich lasse solche Dinge durch einen Catering-Service erledigen. Die Schilderung der gemeinsamen Essensvorbereitungen in Jeans Romanen fand ich zwar sehr schön, aber das ist nun mal einfach nicht mein Ding. Und die Kleine kann auch nicht kochen! Der Catering-Service ist übrigens der gleiche, der uns auch jedes Jahr auf Schloss B. versorgt. Ein wenig kennen die uns also....

Dann hatten die Paare Zeit, sich auf ihre jeweilige Art auf den Zimmern der Teilnehmerinnen zu verabschieden.
Als wir später 'unter uns' waren, bestand der Einstieg darin, dass sie alle genau davon berichten mussten. Du kannst dir vorstellen, dass sich insbesondere die Novizinnen dabei ziemlich geziert haben.

Später haben wir sie dann noch mit den Regeln und mit der Struktur der kommenden Tage vertraut gemacht, bevor zum Abschluss des Abends alle in den 'Folterkeller' geführt und zur Einstimmung auf die Nacht ausgepeitscht wurden. (Der Ausdruck 'Folterkeller' ist so aus meiner Feder geflossen. Du weißt ja, ich neige zu Übertreibungen!) Wir machten ihnen deutlich, dass sie das jeden Abend zu erwarten hätten, ungeachtet der Tatsache, ob sie eine Bestrafung in Form einer Auspeitschung verdient hätten oder nicht. Einfach so, als Ritual halt. Sie sollten also sinnvollerweise darauf achten, dass tagsüber möglichst wenig an Züchtigungsnotwendigkeiten entstünden, damit die Striemen nicht überhand nähmen.
Die Kleine hat sich, nebenbei bemerkt, von Anfang an als gute Assistentin erwiesen. Ich hatte da erst so meine Bedenken. Erst dachte ich, dass sie damit ihre eigene Devotheit kompensiert, aber da habe ich mich geirrt. Sie sieht auch das als zu erfüllende Aufgabe an und ich musste sie einige Male sogar bremsen, weil sie die Peitsche zu heftig geführt hatte. Ihre Bitte um Entschuldigung war dann immer gar allerliebst....

Aber ich verplaudere mich und sehe gerade mit Schrecken, wie die Zeit wieder enteilt ist. Für heute muss ich schließen. Gleich kommt ein (auch dir bekannter...) Gebieter zu Besuch, der beruflich in der Hauptstadt weilt. Ich muss noch einige Dinge erledigen.

Die Kleine werde ich heute Abend zwingen, sich dem Gebieter zu zeigen und seinen Schwanz zu lutschen. Auch darin soll sie trainiert bleiben.

Mehr demnächst.

E.

Sie war ja an manches gewöhnt, aber diese Dreistigkeit irritierte sie.
Die beiden nahmen auch gar keine Notiz von ihr und taten, als seien sie allein. Die Frau verrichtete ihr Werk mit geschlossenen Augen und devoter Hingabe. Es schien, als sei sie ganz in ihr Hand- und Mundwerk vertieft. Der Mann hielt mit der einen Hand dirigierend ihren Kopf an ihrem kurzen Haar gepackt. Die Gerte, die er mit der anderen Hand streichelnd über ihren Rücken führte, hatte wohl schon ihr Werk getan. Zwei deutliche Striemen waren erkennbar, alldieweil das Unterkleid bis auf den Rücken hochgeschoben war und den Blick auf ihren weißen, fleischigen Po frei gab.
Demonstrativ warf Gudrun das Kleid über den Paravent, verließ den Raum wieder und ließ die Tür lauter als gewöhnlich zufallen. Ihr Ungehaltensein sollte deutlich werden.

In Gedanken versunken stieß sie mit Jacques zusammen, der just in diesem Moment durch die Ladentür herein kam. Er bemerkte sofort ihre Stimmung, nahm sie zärtlich in die Arme und streichelte sanft über ihr langes, schwarzes Haar. Für eine lange Weile verharrten sie in einer innigen Umarmung. Durch den Stoff seiner engen, schwarzen Jeans spürte sie seine Erregung wachsen. Zwei Tage lang hatten sie sich nicht gesehen, da er unterwegs gewesen war, um Kunden an verschiedenen Orten Produkte seines Kunstschmiedehandwerks zu präsentieren.

Ohne ein Wort zu sagen, zog sie ihn sanft in den Raum, der am anderen Ende des Ateliers abzweigte und in den inneren Teil des Gebäudes sowie den dahinter gelegenen kleinen Garten führte. Dieser Raum war Küche, Aufenthalts- und Arbeitsraum zugleich – kurz, ihr Refugium. Gelegentlich, wie momentan, wenn es viel zu tun gab, übernachtete sie dort auch.

Ihre Sehnsucht und auch ihre Erregung war nicht geringer als die seine. Schon hatte sie ihre Hand an seinem zuckenden Stab und er, nachdem er ihr das weite Kleid von den Schultern gestreift hatte, eine ihrer Brüste zwischen den Zähnen. Sie zog ihn in Richtung ihres noch aufgeklappten Schlafsofas. Zum Aufräumen war sie nicht gekommen, was sich nunmehr als hilfreiche Nachlässigkeit erwies.
Sie drängte ihn darauf und war in Kürze über ihm. Sein Stab glitt mühelos in ihre feuchte Grotte und sie begann mit ihrem Ritt. Nun war kein Spiel, nun war Ernst. Sehnsuchtsvoller, unaufschiebbarer Ernst. Es gab keine Welt um sie herum. Im Spiel war sie seine Liebessklavin und er ihr Gebieter. Im Ernst, dann wenn sie es gar nicht mehr aushielten, war Spontaneität. Keine Rituale. Im Ernst war sie häufig über ihm. Im Ernst fielen sie übereinander her. Gegenseitig.
Sie kam eher, und als er kam, kam sie noch einmal. Sie konnte ihr Schreien nicht abdämpfen.
Erst danach, als sie mit ihrem Kopf auf seiner Brust ruhte, fiel das erste Wort.

„Du, ich bin ziemlich fertig", flüsterte sie über seine muskulöse, leicht behaarte Brust hinweg.

„Das will ich doch hoffen!," kam es zurück, und sie konnte sein schelmisches Grinsen, das sie so liebte, erahnen.
„Ach, bitte du, sei doch mal ernst", insistierte sie und fuhr mit ihrer linken Hand besänftigend durch sein dichtes struppiges Haupthaar.
„Das war ich die ganze Zeit, mein Schatz! Und nun ist wieder Spiel! Also hopp, zieh dich an, und dann gehen wir gemeinsam hinein zu den beiden."
Verblüfft schaute sie zu ihm hoch, sagte aber nichts, als sie seinen klaren und festen Blick wahrnahm. Er wusste also mal wieder mehr, als sie dachte. Kannte die beiden offenbar und hatte womöglich den unangemeldeten Termin von unterwegs aus arrangiert. Es war ihr gleich so merkwürdig vorgekommen. In solchen Momenten hatte sie sich angewöhnt, nichts zu fragen. Sie wusste, dass sie ihm vertrauen konnte und ihr wurde sofort wieder wohler in Bezug auf das seltsame Paar. Und dass er sie begleiten würde, weil er geahnt hatte, dass ihr etwas unangenehm war, verschaffte ihr zusätzliche Ruhe. Zärtlich küsste sie ihn auf Mund und Augen. Ein Ritual ihrer Liebe.
Sie erhob sich, streifte ihr Kleid wieder über und fragte: „Darf ich es anbehalten, mein Gebieter?"
Sie wusste, dass er ihr Spiel in die gegebene Situation integrieren würde. Manchmal führte sie das an Grenzen. Aber sie hatte keine Angst, weil sie sich geborgen fühlte.
„Einstweilen ja, Sklavin. Bis ich dir anderes befehle!"
Nun stand auch er auf, zog sich wieder an, nahm sie bei der Hand und führte sie durch ihr Atelier in ihren Anprobierraum. Bevor sie eintraten, schmuste sie sich zu seinem Ohr empor, griff dabei an ihr schmales Leder-

halsband, und säuselte: „Verzeih, dass ich dir nicht unaufgefordert meine Kette gereicht habe."

„Die Strafe wird nicht lange auf sich warten lassen!" Aber Schmunzeln im Blick.

Spielzeit.

4-2

Jetzt hab ich mir es doch nicht mehr angehört, gestern Abend. Verzeih, mein Liebster.

Kein Wunder, wenn ich mit meiner Arbeit nicht weiter komme. Nie hast du Zeit!

Ist ja gar nicht wahr. Und außerdem warst du ja auf einmal so unersättlich!

Ist das ein Wunder, wenn du die ganze Zeit nur mit deinem weißen Servierschürzchen und den Strümpfen bekleidet vor mir herumscharwenzelst?

Und du? Musstest mich dann unbedingt züchtigen, weil ich mein Kleid nicht wieder angezogen habe. Ich spür's ja jetzt noch!

Na, komm. Zeig mal her. Ich massier dich ein wenig mit dem Hautöl.

Oh du! Bitte hör nicht auf. Das ist immer das Schönste daran.

Ach so? Ich dachte, es ist das Schönste, wenn dich der Schmerz durchzuckt!

Ja, schon, aber bitte sag das nicht so. Das klingt so ironisch. Du weißt, dass ich das gar nicht mag. - Oh ja, bitte, mach weiter.

Mein Schatz, du bist ein lüsternes Stück!

Dazu hast du mich ja erst gemacht.

Das wage ich ein wenig zu bezweifeln.

Oh, bitte. Nimm deine Hand da nicht weg. Sei nicht grausam zu mir. Wie soll ich sonst den Tag überstehen?

Wenn das nicht lüstern ist!

Oh, bitte. Liebster, komm doch hinein. Du bist so schön warm. Ich will dich spüren. Ganz! -

- - -

Jaah, wie hart er schon ist.-

- - -

Stoß weiter bitte! Ja, ja. Ganz fest! Und beiß mich doch. Jaah...-

- - -

Liebster? Es war ja gar nicht bei dir. Komm doch...

Ist schon okay. So, wie du mich gestern ausgesaugt hast. Ist ja kein Wunder! Und nun raus aus den Federn. Die Pflicht ruft.

Du immer mit deiner Pflicht. Ach komm, noch ein bisschen kuscheln.

Nein! Jetzt ist Schluss. Los jetzt!

Aua!

Stell dich nicht so an. Und nun zieh dich an. Ich will dir dabei zusehen.

Ja, mein Gebieter. Ich geh nur vorher schnell ins Bad.

Aber beeil dich, ich muss wirklich gleich fort.

Du, ich glaub, heute wird's nicht mehr so warm wie gestern. Darf ich mir das enge Strickkleid anziehen, das du mir neulich gekauft hast?

Von mir aus. Aber mittags wird's dir bestimmt zu warm.

Du hast Recht. Das könnte sein. Dann nehm ich mir das rote Kleidchen mit, das ich gestern gekauft habe und kann dann gegebenenfalls wechseln, okay?

Ja, nun mach schon!

Ist mein Gebieter denn einverstanden, wenn ich eine Strumpfhose darunter anziehe, die Strapse zeichnen sich so ab unter dem Stoff.

Ja, ausnahmsweise.

Ist doch auch genauso praktisch. Schau, ist doch schön, oder? Und du mein Gebieter kommt überall sofort dran.

Ich gebe ja zu, diese offenen Strumpfhosen sind wirklich ganz apart.

Danke, mein Gebieter, dass du es mir gestattest. Und das Kleid entspricht ja auch nicht ganz den Vorschriften, aber mein Gebieter hat es mit ja selbst geschenkt. Kommt er gerade auf den Geschmack, dass es auch schön sein kann, wenn es etwas umständlicher von statten geht?

Sei nicht so schnippisch, Sklavin! Der Praxistest wird schon noch stattfinden, vielleicht schon heute Mittag, wenn wir uns zum Essen treffen. Nebenbei bemerkt steht dir das Pflaumenfarbene einfach klasse. Es passt gut zu deinen braunen Haaren. Außerdem kommt deine tolle Figur darin gut zur Geltung. Und nun komm her!

- - -

Danke, mein Gebieter. Bekomm ich denn nun auch noch ein zweites Frühstück?

Ist doch längst fertig, die Dame!

Oh, danke, der Herr! - Du, ich muss dir etwas beichten. Eva hat mir schon zweimal geschrieben.

Und warum musst du das 'beichten'?

Naja, hatte erst so ein komisches Gefühl. Hab dann gedacht, ich warte mal ab. Aber es ist blöd. Wir haben doch keine Geheimnisse voreinander.

Und?

Am besten liest du die Briefe mal. Das wäre lieb. Ich gebe sie dir mit und vielleicht findest du heute ja eine Gelegenheit, okay?

Und mein 'tableau'?

Ach, Schatz! Bitte! Heute Abend, ganz gewiss. - Wollen wir Gudrun und Jacques noch einmal einladen, bevor ich wieder in die Hauptstadt fahre?

Ja, gerne. Frag Gudrun heute doch einfach, wann es ihnen passt.

Mach ich. Vielleicht hat sie aber auch gar keine Zeit. Sie hat ordentlich zu tun und ich fürchte, meine Hilfe ist keine allzu große.

Auf jeden Fall freut sie sich, dass du ihr hilfst. Und wenn ich nicht ganz falsch liege, freust du dich auch, bei ihr zu sein, oder?

Schau mich nicht so an. Du weißt, dass ich am liebsten nur bei dir bin!

Ich werde mal bei Gelegenheit mit Jacques darüber reden, ob es nicht ganz interessant wäre, dass die Skla-

vinnen uns einmal zeigen, was sie so treiben, wenn sie alleine sind. Was hältst du davon, mein Schatz?

Wir treiben gar nichts. Ist es denn nicht schön, dass wir uns mögen? Ich kenne ja hier sonst niemand. Und Eva gibt's auch nicht mehr! Außerdem hast du doch alles eingefädelt. Es waren deine Freunde. Ich hab mich doch nur in mein Schicksal gefügt.

Das klingt aber theatralisch. Hast du es bereut?

Nein, mein Liebster. Ich habe nichts bereut. Gar nichts. Nun komm, wir müssen los. Holst du mich später dann bei ihr ab?

Mal schauen, wo ich einen Parkplatz finde. Wenn nicht, treffen wir uns am Brunnen auf dem Marktplatz. Vielleicht mag sie ja mit zum Essen kommen.

Du bist ein Schatz. Weißt du eigentlich, dass es total irre war, als du mir gestern Abend die Oliven vom Körper gegessen hast?

Was heißt 'gegessen'? Die meisten hast du gegessen. Hast sie mir ja fast alle wieder aus dem Mund gefischt.

Schatz, ich kauf heute wieder welche. Die sind von dem Türken, der in der Seitenstraße von Gudruns Atelier seinen Laden hat. Wir machen das nochmal heute Abend, okay? Und diesmal kriegst du die meisten!

Heute Abend wir gearbeitet!

Stimmt ja...

Da nützt dir auch dein gekonntester Schmollmund nichts!

Abwarten... - Aua! Ich hab doch gar nichts getan!

Doch du hast dein Kleid nicht weit genug hochgezogen.

Ach, du bist gnadenlos. So, der Herr?

Denk daran, dort im Handschuhfach liegt eine Gerte.

Sei nicht so grausam, Gebieter!

Ich bin nicht grausam, ich denke nur an dein Wohl! - Habe eben die Idee, dass ich das Auto bei Gudrun in der Nähe abstelle, jetzt, um diese Zeit, kriegen wir bestimmt einen Parkplatz. Werde dann mit dem Bus vom Marktplatz aus in die Uni fahren und heute Mittag auch damit zurück kommen.

Oh, das ist lieb! Dann hab ich ja wieder das Auto! Vielleicht fahre ich mit Gudrun zusammen mal nach A. Haben wir uns gestern schon überlegt. Da gibt's einen neuen Schuhladen. Darf ich?

Ich denke, Gudrun hat so viel Arbeit!

Wir sind doch Frauen!

Und was für welche...

War das lieb gemeint? - Schatz, die Leute! Bitte... Komm, gib mir einen Kuss. - Doch nicht dahin... Du!

Hier, der Schlüssel. - Soll ich euch das Verdeck öffnen? Sieht so aus, als würde es wieder schön.

Nein, lass mal lieber. Nun geh, sonst verpasst du den Bus. - Und denk an Evas Briefe. Das wäre schön. Ist ja nicht so viel. Aber komm dabei nicht auf dumme Gedanken.

Bin ich das schon jemals?

Immerzu!

Aua!

Bis gleich.

Ich liebe dich!

1-3

„Solange du folgst, passiert ihr nichts. Was ich später mit ihr mache, weiß ich noch nicht. Einstweilen bleibt sie dort liegen. Und nun los! Führ mich zu den anderen Sklavinnen. Und lass dir etwas einfallen, das rate ich dir!"
Er kettete sie los, packte sie brutal am Oberarm und zerrte sie hinter sich her. Von der Rothaarigen waren nur durch den Knebel gebremste Stöhngeräusche vernehmbar. Evas Gedanken fingen zu rasen an, während er sie die Treppe hochstieß. Ihr wurde heiß, obwohl sie fröstelte. Irgendwie musste sie an ihr Handy kommen. Aber das war weit weg. Sie musste Zeit gewinnen und versuchen, ihm in einem günstigen Moment zu entwischen. Sie hatte die Verantwortung für die Mädchen – und ihm war alles zuzutrauen.

Als sie die große Diele im Erdgeschoss durchquerten, fasste sie einen Plan. Sie nahm allen Mut zusammen, bündelte ihre schauspielerischen Talente zur größtmöglichen Unterwürfigkeit und fiel vor ihm auf die Knie. Ihren langen, vorn offenen Herrinnen-O-Rock, das einzige Kleidungsstück, das sie am Leibe trug, hielt sie dabei mit beiden Händen sorgfältig auseinandergebreitet und schaute devot zu ihm empor.
„Meister, ich habe mir etwas einfallen lassen. Darf ich es Ihnen sagen?"
„Worauf wartest du?" Seine Ohrfeige schmerzte und ließ sie vor Wut zittern. Aber sie spielte weiter. Sie hatte keine Wahl.

„Die Sklavinnen liegen zu dieser Stunde schon in ihren Zimmern zur Nacht angekettet. Lassen Sie mich bitte allein zu ihnen gehen. Ich werde Ihnen erzählen, dass ihre Gebieter gemeinsam beschlossen hätten, jemanden herzuschicken, um ihre neu gewonnen, beziehungsweise aufgefrischten oralen Fähigkeiten zu testen. Wenn Sie mitkommen, werden sie vielleicht Verdacht schöpfen. Warten Sie doch unterdessen hier, ich werde sie Ihnen dann vorführen."
Der Folterknecht brauchte eine Weile zum Nachdenken, willigte aber schließlich ein.
„Komm nur nicht auf dumme Gedanken. Ich werde heruntergehen und der Kleinen die Titten peitschen. Es liegt also an dir. Je länger du brauchst, umso mehr werde ich sie verunstalten!"
Dann zerrte er sie an den Haaren empor, ohrfeigte sie noch einmal und stieß sie in Richtung des Treppenaufgangs, der zur oberen Etage führte. Sie stolperte über ihren langen Rock und fiel zu Boden. Sein hämisches Lachen begleitete sie noch, nachdem sie sich schon aufgerafft hatte und die Treppenstufen hochhastete.

Sie hatte nur einen Gedanken: schnell zum Handy, um Hilfe zu rufen. Barfuß wie sie war eilte sie den schmalen mit Teppichboden ausgelegten Gang entlang – vorbei an den Zimmern der Sklavinnen. Geradeaus vor ihr lag die Hoffnung, die Tür zu ihrem Wohn- und Schlafbereich, den sie mit der Rothaarigen teilte.
Leise schlich sie sich hinein, fürchtend, dass der Folterknecht etwas hören könnte. Die Schreie der Rothaarigen, die sie just in diesem Moment aus dem Keller vernahm, beunruhigten sie und trieben sie zu größtmöglicher Eile.

Ein Fluch entglitt ihr, als sie das Handy, das auf dem Couchtisch lag, in Händen hielt. Es war ausgegangen. Schon tags zuvor hatte sie es aufladen wollen, fiel ihr nun ein, es dann aber vergessen, nachdem sie das Ladegerät vergeblich gesucht hatte. Möglicherweise war es im Auto. Oder in der Küche? Oder in der Reisetasche? Ihr war nach Heulen zumute, was bei ihr selten vorkam. Verzweifelt, aber vergeblich drückte sie auf dem Handy herum, hoffend, dass es vielleicht doch noch anginge. Sie hatte keine Zeit mehr zu verlieren. Die Schreie der Rothaarigen waren selbst hier noch zu hören. Ein neuer Plan musste her. Aber zunächst musste sie schnellstmöglichst wieder hinunter, damit er keinen Verdacht schöpfte.

Nacheinander holte sie die Sklavinnen aus ihren Zimmern. Sie waren ja zu viert!

2-3

Liebe Teresa!

Man hört ja doch noch immer voneinander, selbst wenn man es gar nicht erwartet. Eigentlich finde ich das schön. Hab gestern kurz Isabella auf der Straße getroffen. Zu süß die Kleine, mit ihrem kurzen Röckchen....
Sie erzählte mir, dass du und dein geliebter Jean nun zusammen einen Roman schreiben wollt. Da lag ich also gar nicht so falsch. Nun, denn schreibt mal schön. Ich poche auf mein althergebrachtes Erstleserecht!
Übrigens: Isabella scheint sich mächtig nach dir zu sehnen.... Was sagt denn dein lieber Jean dazu? Na ja, geht mich ja eigentlich nichts an.

Neulich abends hat die Rothaarige sich ziemlich angestellt, als einer der Gebieter aus der Gemeinschaft hier zu Besuch war. Schon den Akt des Sich-Zeigen-Müssens erfüllte sie mit erkennbarem Widerstand. Ich musste einige Male die Gerte bemühen....
Dabei war ich so großzügig und zwang sie erst sich auszuziehen, als wir vom Abendessen, zu dem er uns eingeladen hatte, wieder zurück in der Wohnung waren. Unterwegs musste sie lediglich einmal den Rock hochheben, um ihm das Glöckchen zu zeigen, das ich sie bei solchen Anlässen gerne tragen lasse. Und im Restaurant verlangte er danach, in ihre Brustwarzen zu kneifen. Die Kleine hat immer noch nicht verinnerlicht, dass jedes Mitglied der Gemeinschaft ohnehin das Recht dazu hat. Später dann, zu Hause, war bei ihr ein regelrechter

Widerwille spürbar, als sie ihn sucieren sollte. Ich musste sie mit der Peitsche 'bei der Stange halten'.

Als er wieder weg war, erzählte sie mir, dass sie ihn einmal mit ihrem früheren Gebieter zusammen gesehen habe. Du weißt schon, wen ich meine: der, dem ich sie abgekauft habe. Sie sagte, sie hätte sich zu sehr an diese schlimme Zeit erinnern müssen. Hätte sie mir ja auch eher sagen können, die Kleine. Hab sie dann ein wenig getröstet....
Ich bin mir gar nicht sicher, ob der Typ inzwischen aus der Gemeinschaft ausgeschlossen wurde. Sie hat es mit jedenfalls geglaubt, als ich es behauptete und war sichtlich erleichtert. Vor dem Schlafengehen versprach sie mir, sich beim nächsten Mal besser zu benehmen.

Ich war in meinem Bericht am ersten Abend des ersten Schulungstages stehen geblieben. Da hatte ich noch vergessen, eine merkwürdige Begebenheit zu erzählen. Die *Gebieter-Novizin*, die schon die ganze Zeit lang in einer niedergedrückten Stimmung war, fing jammernd an zu schluchzen, als es ans endgültige Verabschieden ging. Die ziemlich üppig gewachsene, aber kleine Brünette fiel ihrem Liebsten um den Hals und heulte ganz hemmungslos. Sie jammerte, dass sie es nicht einen Tag ohne ihn aushielte und dass er doch Erbarmen haben möge und sie wieder mitnehmen solle. Sie würde auch alles für ihn tun usw., usw. In dem Moment war auch ich ratlos und stimmte in das betretenen Schweigen der darum Herumstehenden mit ein.
Umso erstaunter war ich angesichts der Reaktion ihres Gebieters, eines noch recht jungen, eher unscheinbaren, zunächst sogar etwas schüchtern wirkenden Mannes. Er

befahl ihr sich hinzuknien, um vor allen ihre 'Formel' aufzusagen, die sie offenbar ihn ähnlichen Situationen schon häufig hatte vortragen müssen, so flüssig kam es. Mit zu Boden gesenktem Blick, den Rocksaum mit beiden Händen bis zum Bauch hochgeschürzt haltend, sprach sie ganz andächtig:

„Ich bin die Sklavin meines Gebieters und kann ohne ihn nicht leben. Alles, was es für mich vorgesehen hat, nehme ich dankbar an und füge mich demütig in mein Schicksal. Ich weiß, dass alles zu meinem Besten geschieht. Weil ich mich unpassend verhalten habe, bitte ich meinen Gebieter darum, mir eine besondere Strafe aufzuerlegen, damit ich mich bessere und daran erinnert werde, dass er ständig bei mir ist und ich unter seinem Schutz und unter seiner Kontrolle bin, auch wenn er abwesend ist."

Der junge Mann nahm ihr verheultes Gesicht, das er zu sich hochzog, für eine Weile in beide Hände, hielt einen kurzen, aber wohl wichtigen Blickkontakt und sprach:

„Begebe dich auf Knien zur Meisterin und bitte sie, dass du an jedem Tag, so es der Ablauf zulässt, eine Stunde extra angekettet auf der Dildostange verbringen darfst, die wir bei unserem Rundgang vorhin gesehen haben."

Die Kleine schluckte, senkte wieder ihren Blick und tat wie ihr befohlen. Bei mir angekommen wiederholte sie die Worte ihres Gebieters und fügte noch hinzu: „Es ist meine untertänigste Bitte!"

Ich antwortete, dass ich schauen werde, was sich machen lässt, und war im Moment froh, dass sich die Situation auf diese Weise zunächst geklärt hatte. Gibt es nicht Merkwürdigkeiten? Sicher wirst du bei dieser Frage schmunzeln, aber wem, wenn nicht dir, sollte ich sie stellen?

Am ersten Morgen wich der Verlauf noch ein wenig von dem Ritual ab, das ich für die kommenden Tage vorgesehen hatte. Die Klausurteilnehmerinnen durften in dieser ersten Nacht noch unangekettet in ihren Zimmern schlafen, hatten aber den Auftrag bekommen, sich innerlich damit auseinanderzusetzen, dass dies in den folgenden Nächten auf sie zukäme. Auch die kalte Dusche der nächsten Tage erfolgte noch nicht. Nach dem Frühstück im Speiseraum bekamen die Klausuristinnen zunächst ihre Kluft zugeteilt.

Erspare mir Einzelheiten. Ich wollte es doch ein wenig anders haben, als es in den Phantasien deines geliebten Jean beschrieben war. Schulmädchenuniformen.... Du kannst dir denken, wer diesbezüglich von mir zuvor einen Großauftrag erhalten hatte. Vielleicht weißt du es ja sogar! Eure 'Kommunikation' ist mir nicht so ganz klar. Eine schweigsame, diskrete Freundin hast du da. Aber gut so! Es zeichnet sie aus und ist in ihrem Job sicher unabdingbar.
Die Mädels hatten also alle irgendwann bei ihr Maß nehmen müssen und sie hatte dann alles ein paar Tage vorher hierher geliefert. Sie ist übrigens wirklich eine Meisterin ihres Faches. Das muss ich immer wieder anerkennend betonen. Habe aber das Gefühl, dass sie sich in letzter Zeit ein wenig übernimmt. Sie klagte darüber, dass sie sich vor Aufträgen für Ball- und O-Kleider kaum noch retten kann. Ich fand, sie sah auch ziemlich gestresst aus. Aber sie ist ja, wie gesagt, sehr schweigsam.

Was ich sagen wollte: die Kleider saßen alle perfekt. Es handelt sich um bodenlange, weiße, plissierte Tunikagewänder. Sie sind an den Seiten bis zu den Hüften hoch geschlitzt und das unterhalb der Brüste geraffte Oberteil kann mittels eines einfachen Nackenverschlusses geöffnet werden. Ich sag dir, wie antike Göttinnen sehen sie darin aus! Und das unschuldige Weiß ist doch passend, oder? Oder gibt es etwas Unschuldigeres als die bedingungslose Hingabe? Mal schauen, ich werde mich mal dafür einsetzen, dass demnächst auf den Bällen der Gemeinschaft die Novizinnen diese Gewänder tragen, bevor sie zu richtigen Sklavinnen approbiert werden.

Für die Nacht bekommen die Klausuristinnen übrigens ganz einfache Leinenkleidchen. Aber die sind von der Stange. Muss ja ein wenig die Gesamtkosten im Blick haben. (Selbstverständlich fließt alles anteilmäßig in die Teilnahmegebühren, die von den einzelnen Gebietern zu tragen sind.)

Ich habe mir, wie du dir denken kannst, ein vielfältiges Programm ausgedacht. Da ist für jeden – oder sollte ich sagen jede – etwas dabei. Was du dir auch vorstellen kannst ist, dass ich die sapphischen Elemente im Vergleich zum 'Jeanschen Vorbild' (ich gebe ja zu, ein wenig ist es das...) verstärkt habe. Da war doch das meiste recht phallusorientiert! (Ich weiß, das ist jetzt ein kleines bisschen ungerecht. Der Mann hat ja doch Einfühlungsvermögen....)

Die sapphischen Elemente prägen auch gleich den Beginn des Tagespensums. Zwei der Gebieter-Sklavinnen taten sich da anfangs sehr schwer. Ich hatte den Eindruck, dass sie von ihren Gebietern zu solchen Dingen

noch nicht gezwungen worden waren. Ich dachte immer, das sei das Selbstverständlichste von der Welt, wird es doch auch bei Gemeinschaftstreffen so gepflegt. Und die meisten Typen haben doch sowieso meist noch eine nebenher, der sie mal eine Wohltat erweisen müssen. Aber da hab ich mich wohl geirrt. Die zwei jedenfalls zickten ziemlich herum, als sie meine Kleine bedienen mussten, so dass ich bei ihnen gleich zu Beginn die Neunschwänzige einsetzen musste!
Nebenbei bemerkt: du siehst, dass meine Kleine durchaus Im Mittelpunkt des Geschehens steht. Ich sorge schon gut für sie! Finde ich....

So auch heute Abend. Die Kleine kommt gleich nach Hause und ich muss deswegen meinen Bericht unterbrechen. Sie hat sich wirklich eine Belohnung verdient. Als neulich unverhofft zwei befreundete Herrinnen zu Besuch kamen, hat sie sich die größte Mühe gegeben und ihr gesamtes Können gezeigt. Ich werde also ganz besonders gut zu ihr sein und ihr nur die allerliebsten Liebespeinen zufügen....

Komm einfach vorbei, wenn du Entzug verspürst!

Gruß

E.

3-3

Die Spielzeit war völlig anders verlaufen, als sie erwartet hatte. Das war normalerweise nicht ungewöhnlich. In diesem Fall aber waren Grenzen deutlich geworden, über die sie beide noch nicht nachgedacht hatten.
Jacques begrüßte den Nadelstreifengebieter und entschuldigte sich diplomatisch für die entstandene Unterbrechung. Sie ließ sich nichts anmerken und bewunderte seine Diplomatie. Offenkundig war die am Boden kniende Sklavin zwischenzeitlich heftigst gepeitscht worden – auf Bauch und Brüste. Ihr Unterkleid lag heruntergeschoben um ihre Knie drapiert. Sie musste es also erst wieder anziehen, bevor es mit der Anprobe weiter gehen konnte, zu deren Betrachtung sich Jacques neben den Nadelstreifengebieter auf das Sofa gesetzt hatte. Sie bemühte sich beim Ankleiden um geschäftliche Distanz, was ihr nicht leicht fiel, zumal sie wieder die auf sie gerichteten, gierigen Blicke des Nadelstreifengebieters spürte.
Sie erklärte ganz professionell den Schnitt des Kleides, wies auf die Dinge hin, die für die Maßanfertigung bei der Trägerin geändert werden müssten und gab sich Mühe, auch die Funktionalität des Kleides zu erläutern.
Während sie noch dabei war, verlangte der Nadelstreifengebieter unversehens danach, dass er gerne sie in dem Kleid sehen würde, um eine Vergleichsmöglichkeit zu haben. Ein kurzer Blickkontakt mit Jacques genügte ihr. Sie sollte und konnte darauf eingehen. Er hatte ihr zuvor angedeutet, dass für ihn ein einträglicher Vertrag zur Herstellung von Intimschmuck an dieses Geschäft gekoppelt sei. Sein Blick zeugte von Sicherheit und zugleich davon, dass Spielzeit war. So eine Spielzeit halt.

Sie streifte also ihr Kleid ab, besorgte sich ein einfaches, weißes Unterkleid, half der Sklavin wieder aus dem Kleid heraus und zog es sich selber an. Die gierigen Blicke des Nadelstreifentyps ignorierte sie, bis sie sie nicht mehr ignorieren konnte. Etwas unschlüssig stand sie nun da in dem Kleid und hoffte darauf, dass Jacques das Ganze endlich beenden würde, da formulierte der Nadelstreifentyp kurz und knapp eine Ungeheuerlichkeit. Er wünschte sich, dass sie ihm nun zur Verfügung stünde, da ihm aufgefallen sei, dass sie ja nicht ihren Pfortenschutz trage. Im Gegenzug bot er ihm seine Sklavin an.

Auch Jacques schien einen Moment lang perplex zu sein. Es war noch nie vorgekommen, dass ein Gebieter außerhalb der üblichen oder als solcher erkennbar gemachter Treffen von seinem Recht Gebrauch gemacht hatte, über eine Sklavin zu verfügen, die nicht die Verbindungskettchen an ihren Schamlippenringen trug, die ihr nach den Regeln der Gemeinschaft Immunität gewährten und ihr zum 'Pfortenschutz' gereichten.
Sie trug natürlich alltäglich kein Kettchen an ihren Ringen, war sie doch außerdem erst eben für Jacques bereit gewesen. Das Herz schlug ihr bis zum Hals, aber Jacques war ganz schnell klar und eindeutig. Er lehnte mit dem Hinweis ab, dass die Regeln der Gemeinschaft auch das ausdrückliche Vetorecht des Gebieters vorsähen und vertröstete den Nadelstreifentyp auf eine spätere Gelegenheit. Er koppelte es an das Versprechen, dass der Auftrag zuverlässig und termingerecht erledigt würde. Dann komplimentierte er das Paar höflich aber bestimmt hinaus.

Erst, als die beiden draußen waren, konnte sie wieder durchatmen. Lange lag sie in seinen Armen. Als er süffisant anmerkte, dass sie von nun an also immer, wenn er nicht da sei, Pfortenschutz tragen müsse, konnte sie wieder lächeln. Für den Rest des Tages war nur Spiel zwischen ihnen. Und nachts auch noch einmal Ernst.

Als Teresa am nächsten Morgen zu ihr kam, um ihr bei der Arbeit zu helfen, berichtete sie ihr von der Begebenheit. Sie beschlossen, bei nächster Gelegenheit gemeinsam mit Jean und Jacques darüber zu reden.
Die Einladung Teresas für den übernächsten Abend nahm sie an. Jacques, der in aller Frühe schon wieder weg gemusst hatte, würde gewiss zustimmen. Sie freute sich auf den gemeinsamen Abend mit den vertrauten Freunden.
Als Jean gegen Mittag vorbeikam, waren die Frauen in heiterer Stimmung. Er traf sie an, wie sie gerade an dem großen Arbeitstisch am Fenster im hinteren Teil des Anprobierraumes kichernd über einem für ihn undurchschaubaren Wust von Stoffbahnen und Schnittbögen gebeugt waren. Teresa erhob sich und kam ihm entgegen. Sie trug immer noch ihr neues, sehr elegant wirkendes, fast bis zu den Knien reichendes, enges Strickkleid. Er umgriff ihre Hüften, presste ihren schlanken Körper an den seinen und küsste sie.
Auch Gudrun hatte sich aufgerichtet und kam näher. Dem seit langem gepflegten Begrüßungsritual entsprechend ergriff sie mit beiden Händen den Stoff ihres weißen, knielangen Faltenrocks, den sie auf Jacques' Geheiß hatte für ihn anziehen müssen, raffte ihn ein wenig und knickste. Ohne Teresa loszulassen, beugte er sich zu der geringfügig kleineren Spielgefährtin und

drückte ihr einen Kuss auf die Stirn. Dann löste er sich doch ein wenig von Teresa und strich Gudrun mit der linken Hand durchaus zärtlich von der Wange her übers Ohr durchs Haar. Es war das Zeichen, dass das Ritual einen Fortgang erführe: die Fortsetzung der Begrüßung in Anwesenheit nur eines Gebieters.
Gudrun kniete sich hin und befreite seinen schon wachsenden Stab, während er weiter Teresa küsste. Zunächst nahm sie ihn vorsichtig zwischen ihre Finger, begann aber dann zielgerichtet, ihn zu massieren, um ihn schließlich dabei in ihren Mund gleiten zu lassen. Es war nur ein Vorspiel, währenddessen er weiter die Innigkeit des Kusses mit Teresa genoss.

Oft folgte diesem Vorspiel ein Nachspiel, von dem auch die Sklavin des nicht anwesenden Gebieters profitierte. Teresas Hand auf ihrem Kopf signalisierte ihr widerstandslose Übereinkunft. Schon die Nuance eines Unwillens, den der Verlauf der ineinander fließenden Gestik ohne Zweifel verdeutlicht hätte, würde zum fraglos akzeptierten Ende des Rituals führen. Auch diesbezüglich hatte sich eine vertrauensvolle Übereinkunft zwischen den Freunden ergeben.
Teresa ließ nun ihren Kopf los und zog sich ihr Kleid bis zu den Hüften hoch. Sie konnte das Parfum riechen, mit dem die Gefährtin ihr Schamhaar benetzt hatte.
Jean knetete mit der einen Hand Teresas Po und legte nun seinerseits seine andere Hand, mit der er zuvor noch Teresas Brust gehalten hatte, auf ihren Kopf. Das war normalerweise das Zeichen, dass sein Stab nun genug vorbereitet war und sie ihn frei zu geben hätte, damit er in Teresas Grotte eindringen könne.

Aber schon Jeans nächste Geste verdeutlichte ihr, dass es eine weitere Verlängerung des Rituals gäbe, die in der Tat auch ihr eine Empfindungsverheißung versprach. Er zog ganz leicht an ihrem Haar. Es signalisierte ihr, ihn loszulassen und aufzustehen. Zugleich drehte er Teresa, die er dazu in einer harmonischen, fast tänzerischen Bewegung aus der Umarmung entließ, in eine Position, in der er sich nur leicht hätte vorbeugen und ein wenig die Beine hätte spreizen müssen, damit er unmittelbar von hinten in sie eindringen könnte.

Doch ein wenig Triebaufschub war noch angesagt. Er drängte Teresa – mit dem Stab zwischen ihren Schenkeln – zu einem unweit stehenden Sessel, über dessen Rückenlehne gebeugt sie sich mit den Händen auf der Sitzfläche aufstützen konnte, und war schon in ihr, als nun sie – dem jetzt offensichtlichen Fortgang des Spiels folgend – sich mit hochgehobenem Rock und gespreizten Beinen vor ihre Gefährtin positioniert hatte, um deren liebende Zunge zu empfangen. Sie schloss die Augen und genoss. Den Rock hatte sie losgelassen. Der weite Faltenstoff ergoss sich über Teresas Haupt, auf das sie ganz sachte ihre Hände gelegt hatte.
Sie hatte schon zweimal reüssiert, als auch er endlich kam. Und dann erst krampfte Teresa. Sie hielten sie. Als sie ihre Augen wieder öffnete, traf sich ihr Blick kurz mit dem Blick Jeans. Sie fragte sich, ob er darin ihre Neugier hatte lesen können. Sie ihrerseits glaubte, die seine gesehen zu haben. Die vergleichbare Konstellation ohne ihn hatte es bisher nur zweimal gegeben. Bezüglich des Blickkontakts hatte sie sich Jacques nicht getraut zu fragen.

Später gingen sie in ein kleines Restaurant am Markt. Teresa hatte der doch noch gestiegenen Temperatur folgend ihr kurzes rotes Sommerkleid angezogen, das sie sich mitgebracht hatte. Sie hatte den weißen Faltenrock anbehalten. Den Pfortenschutz spürte sie zwischen ihren Beinen baumeln. Sie hatte ihn sich danach angelegt. Jeans diesbezügliches Lob hatte Teresa wirklich etwas eifersüchtig gemacht.

4-3

Jean?

Was ist denn nun noch, mein Schatz?

Du hast mir gar nicht gesagt, ob du Evas Briefe gelesen hast. Heute war schon wieder einer in der Post.

Aber natürlich habe ich sie gelesen. Den von heute auch schon.

Und warum sagst du nichts?

Du hast ja nicht gefragt.

Weil du mir ja immer verbietest, Fragen zu stellen.

Das heißt, du hast jetzt gerade ein Verbot übertreten. Ich sollte wirklich darüber nachdenken, dir als Strafe eine kleine Aufgabe zu stellen, so wie Eva es mit ihrer Sklavin tut.

Ach du! Ich wusste doch, dass du darauf anspringst.

Du hast es ja gerade eben selbst befördert. Ich springe also – wie immer – nur auf dich an.

Ach Schatz, kannst du denn nicht einmal ernst bleiben?

Ich bin doch immer ernst, mein Schatz. Und ich hoffe, du auch. Oder war dein Stöhnen eben vorgetäuscht?

Ach du! Natürlich nicht! Durfte ich es denn überhaupt, mein Gebieter?

Ich habe es ja nicht ausdrücklich verboten!

Heißt das, ich darf alles, nur nicht das, was du ausdrücklich verbietest?

Du bringst mich um den Verstand. Und um den Schlaf. Nun gib Ruh!

- - -

Du?

Ja?

Ich finde die Idee mit dem 'tableau vivant' ganz toll. Es ist erregend, wie du es schilderst, und ich kann mir die Inszenierung gut vorstellen.

Wir werden es übermorgen Abend mit Jacques und Gudrun mal durchprobieren.

Du, ich weiß nicht.... Da du ja aber doch noch nicht schläfst, kannst du mir ja auch noch etwas zu Evas Briefen sagen.

Ich sagte doch, ich werde mir schon noch eine Aufgabe für dich ausdenken. Kannst du es gar nicht mehr erwarten?

Ach du! Ich mein doch die Schule. Das, was sie da macht.

Willst du, dass ich dich hinschicke?

Nein! Ich will, dass du etwas dazu sagst. Bist ja schließlich so etwas wie ein Vorbild für sie mit dem, was du damals beschrieben hast in deinen Romanen.

So ein Quatsch! Ich und Vorbild! Außerdem weicht sie ja doch erheblich davon ab.

Erregt es dich denn, was sie schreibt?

Manches fand ich übertrieben. Ich nehme mal an, dass sie da doch etwas flunkert. Vielleicht hat sie ja auch alles nur erfunden!

Wie du...? Oh, verzeih Liebster. Das ist mir so herausgerutscht. Das wollte ich nicht fragen. Sei bitte nicht böse. Ich weiß, dass es gegen unser Agreement war. Was war, das war. Und nur was jetzt ist, zählt. Verzeihst du mir?

Nein. Da bin ich jetzt einfach viel zu müde dazu!

Du, aber der da scheint noch gar nicht müde zu sein....

- - -

Schon auf der Treppe verwarf sie diesen Plan. Sie hätten keine Chance – auch wenn sie zu viert waren. Mit den zur vollständigen Devotheit erzogenen Sklavinnen wäre ein solcher Akt der Auflehnung und des Kampfes niemals realisierbar. Vielleicht irrte sie da auch, aber auf die Möglichkeit ihres Irrtums wollte sie nicht bauen. Ihre Gedanken kreisten um Flucht. Aber wo hätte sie hinlaufen sollen in der nächtlichen Kälte mit den nur mit den dünnen Leinenkleidchen bekleideten Mädchen? Das Haus lag weitab von allem. Und niemals würde sie ihre Liebste im Stich lassen!
Innerlich fing sie an, alles zu verfluchen, aber dann gelang es ihr, die ganze Kraft ihres Denkens zu bündeln und erklärte den Sklavinnen, die sie dazu in der Eingangshalle niederknien ließ, damit es authentischer wirkte, was auf sie zukäme. Sie musste das Spiel mitspielen. Nur so konnten sie den Kampf aufnehmen und gewinnen. Es würde sich ein Möglichkeit ergeben, da war sie sich gewiss!

Während sie zu den Sklavinnen sprach, beschäftigte sie sich in Gedanken mit der Ankunft der Novizinnen am kommenden Tag. Sie überlegte, ob sie es dem Folterknecht gegenüber erwähnen solle. Es barg die Hoffnung in sich, dass er von ihnen ablassen und das Weite suchen würde, weil er die Begegnung mit den Herrinnen der Novizinnen, die diese am nächsten Morgen bringen würden, sicherlich scheute. Doch diese Hoffnung war trügerisch, denn Letzteres war sicher zutreffend, doch würde ihn die Tatsache, dass in zeitlich absehbarer

Nähe Hilfe käme, möglicherweise zu noch größerer Brutalität oder anderen nicht einschätzbaren Handlungen bewegen.
Sie beschloss, nichts davon zu sagen und instruierte auch die Sklavinnen darüber zu schweigen. Ihre Befürchtung, eine von ihnen könne es hinterfragen, erwies sich als unberechtigt. Die Sklavinnen waren gut erzogen.
Sie führte also die Sklavinnen hinunter. Spätestens am nächsten Morgen wäre das Drama zu Ende, sprach sie sich selber Trost zu. Ein Trost, der dem Mute der Verzweiflung entsprang.

Der Folterknecht hatte inzwischen von der Rothaarigen abgelassen. Sie sah schlimm zugerichtet aus. Die Penetriermaschine arbeitete auf höchster Stufe, aber die Geschundene erschien inzwischen fast lethargisch. Sie musste sich sehr beherrschen, um nicht ihrem inneren Impuls zu folgen und zu ihr zu eilen, um sie zu befreien – es zumindest zu versuchen. Alles Weitere wäre unkalkulierbar geworden.
Sie hieß also die Sklavinnen, vor dem Folterknecht zu knicksen. Der hatte sich inzwischen breitbeinig in den großen breiten Sessel gesetzt, der von der rechten hinteren Ecke des Kellergewölbes einen Überblick über das gesamte Ensemble der Behandlungsinstrumente bot.

Sie stellte ihn den Sklavinnen vor als ihr Meister für eine Nacht.

2-4

Liebe Teresa!

War schön, auch mal etwas von dir zu hören. Aber viel hast du ja nicht gesagt – zu dem, was ich geschrieben habe! Auf jeden Fall ist es schön zu hören, dass es dir gut geht und du dich wohl fühlst – dort. Wenn du demnächst wieder in der Hauptstadt bist, können wir uns ja mal treffen. Was hältst du davon? Vielleicht gehen wir ins Kino oder zusammen essen? Wie in alten Zeiten, einfach so.... Ich lass auch die Kleine zu Hause!
Im Ernst, würde schon gerne ein wenig erfahren, was du und dein Jean davon haltet, was ich da so treibe. Man kennt sich ja doch schon eine Weile....
Und das neue Romanprojekt? Tu doch nicht so geheimnisvoll!

Die Kleine ist übrigens leicht eifersüchtig, seit sie entdeckt hat, dass ich dir schreibe. (Ich hatte den letzten Brief neulich abends versehentlich offen auf meinem Schreibtisch liegen lassen....) Natürlich lass ich das nicht durchgehen und bestrafe sie dafür. Oder sie bekommt Zusatzaufgaben, die ihr die Grundlosigkeit ihrer Eifersucht verdeutlichen sollen.
Heute Mittag habe ich sie in ihrer Pause vom Büro zum Essen abgeholt. Die halbe Stunde, die sie hat, reicht ja nur für einen kleinen Imbiss. Sie reichte auf jeden Fall auch für den Bericht, den sie mir erstatten musste. Ich wollte ihr damit signalisieren, dass sie mir so wichtig sei, dass ich nicht bis zum Abend darauf warten wollte.

Ich hatte ihr die Aufgabe erteilt, ihr Versprechen wahr zu machen und ihrer Kollegin den Vibrator auszuleihen und ihr bei dessen Benutzung hilfreich zu sein. Es war mich wichtig, dass sie lernen sollte, dass so etwas kein Grund zur Eifersucht ist! Du merkst, das bedeutet mir etwas. Verzeih, wenn ich also wieder abschweife. Es hat wohl damit zu tun, dass ja auch in unserer Beziehung der Faktor Eifersucht eine Rolle spielte. Und wenn man etwas erkannt und gelöst hat (und dazu habt ihr, ich meine dich und Jean, natürlich einen wichtigen Beitrag geleistet), hat man doch die Pflicht, es weiter zu vermitteln, oder?

Die Kleine wollte erst nicht so recht mit der Sprache herausrücken. Es stellte sich heraus, dass es damit zusammenhing, dass der 'Akt' erst eine halbe Stunde zuvor stattgefunden hatte. Sie war sozusagen noch feucht.... Erst traut sie sich nicht die Kleine, und dann so etwas! Ich sag ja immer, in ihr steckt ein Vulkan, so schüchtern sie auch immer tut. Die hat ihre Kollegin nach Strich und Faden verführt! Und die scheint auch schon ganz heiß darauf gewesen zu sein, als ob sie es seit Tagen erwartet hätte. Erst jetzt sei ihr auch aufgefallen, erzählte meine Kleine, dass die Kollegin den engen Wildlederrock mit vorderem Reißverschluss nicht zum ersten Mal getragen hatte. Und in dem Abstellraum, in den sie sich heimlich geschlichen haben, hat sie dann auch schon, während sie sich auf einen Hocker setzte, den Reißverschluss von unten nach oben aufgezogen und sich dann von meiner Kleinen ganz schnell den Vibrator einführen lassen. Dass sie nichts drunter trug, hat sie da schon gar nicht mehr gewundert. Und dass sie sich bereitwillig ihren stimulierenden Berührungen an Klit und Nippeln hingab, dann auch nicht mehr. Als sie dann aber das weite Plisseeröckchen meiner vor ihr stehenden Kleinen hochhob und mit ihrem Kopf darunter verschwand, war sie dann doch etwas perplex. Aber sie hat es zugelassen!

Als ob ich ihr das erlaubt hätte! Aber ich will gnädig sein, sie war ja ehrlich. Ich werde die Zeit, die sie unter der kalten Dusche verbringen muss, nicht so arg lang werden lassen. Bei der Gelegenheit werde ich ihr verdeutlichen, dass diese Reaktion nichts mit Eifersucht zu tun hat, sondern ausschließlich damit, dass sie ihr Gebot als Sklavin übertreten hat und mich wegen des Orgasmus nicht um Erlaubnis gefragt hat.
Nebenbei, die 'Kollegin' wäre doch eine Aspirantin für die Gemeinschaft. Da schlummert etwas, das noch geweckt werden will. Und mich dünkt eher, als läge da ein Herrinnentalent im Verborgenen! Werde mal Kontakt aufnehmen....

Aber nun zurück zur 'Schule'. Bist sicher schon ganz neugierig.... Und ich gebe ja zu, dass ich auch ganz neugierig bin, was denn dein Liebster dazu sagt. Vielleicht kommt er ja auf die Idee, dass dir ein wenig 'Fortbildung' auch nicht schaden könnte! Und ihr wisst ja längst noch nicht alles. War ja alles nur Vorgeplänkel bisher. Richtig los ging's ja erst am zweiten Tag.
Nachdem sich die Schülerinnen am ersten Tag mit allen Räumlichkeiten, Gerätschaften, Trainingsapparaturen und rituellen Ereignissen vertraut gemacht und ihre erste Nacht in Ketten verbracht hatten, ging es am zweiten Tag nach dem Wecken mit der von nun an obligatorischen kalten Dusche los. Keine Angst, mein Schatz, es

dient doch wie alles andere auch nur der körperlichen Ertüchtigung. Und gesund ist es obendrein!

Ich muss dir aber vorher noch erzählen, dass es die baulichen Gegebenheiten des Hauses waren, die mich auf diese Idee gebracht haben. Ich sagte dir ja schon, dass wir da ein echtes Schnäppchen gemacht haben. Das bezog sich nicht nur aufs Finanzielle. Im hinteren Teil des Hauses hat der Vorbesitzer für seine Feriengäste eine Natursauna betrieben. Ist leider alles ziemlich verfallen. Mal sehen, irgendwann werde ich auch da noch etwas investieren. Wär doch nicht schlecht, so eine kleine Sauna nebenher. Was man da so alles probieren könnte....

Investiert hatte ich aber wohlweislich schon in die Gemeinschaftsdusche, die sich im hinteren Teil des Gebäudes vor dem eigentlichen Saunatrakt befindet. Da ist wirklich alles auf dem letzten Stand der Dinge, sowohl technisch als auch funktionell. Das Tolle ist, dass man die gesamte Anlage von einer zentralen Armatur fernsteuern kann. Sicher erahnst du schon, welche Möglichkeiten das eröffnet.... Aber ich will dein Phantasievermögen nicht überstrapazieren. Ist doch, wie gesagt, alles ganz human bei mir. Außerdem habe ich ja diesbezüglich mit dir Erfahrungen gesammelt. Ich weiß also, was ich den Mädels zumuten kann. Bei dir war das ja nicht so üppig, du alte Zimperliese! Pardon, ich schweife wieder ab.

Nachdem sie sich also im Duschraum eingefunden und ihre Nachtkleidchen im Vorraum ausgezogen hatten, durften sie sich alle erst einmal in aller Ruhe duschen – eine jede, wie sie es mochte und so warm, wie sie es mochte. Selbstverständlich habe ich für alles gesorgt, was man so an Haarschampon und Duschgels braucht. Da es insgesamt sechs Duschen sind, die übrigens alle in einer Reihe angebracht sind, habe ich die Rothaarige sich einreihen lassen, um ein Vorbild dabei zu haben. Du kannst dir vorstellen, dass ich mit ihr schon 'geübt' hatte.

Die zentrale Steuerungsanlage für die Duschen befindet sich genau auf der gegenüber liegenden Seite des Raumes. Dort steht auch eine lange Wandbank mit einem darüber angebrachten Regal für Badetücher und sonstige Utensilien. Ich bin da also in einer ganz komfortablen Beobachterposition und kann nicht einmal nass werden. Dennoch habe ich mir für diese oder ähnliche Gelegenheiten ein zweiteiliges Lackensemble angeschafft, ein kurzes Röckchen und ein Bustier, beides mit Reißverschluss zu öffnen. Die Meisterin sollte sich bei jeder Gelegenheit von den Schülerinnen unterscheiden! Da habe ich mich im Prinzip ganz an Jeans Vorbild orientiert. Aber so etwas Lackmäßiges gab's ja bei ihm gar nicht, und wenn, hätte er sicherlich schwarz bevorzugt. Meines ist dunkelblau.
War das ein Gekreische und Herumgehopse, als ich beim ersten Mal unangekündigt auf kalt gestellt habe! Nur meine Liebste blieb ruhig und artig unter der kalten Brause stehen, so wie es sich für eine gut erzogene Sklavin gehört.
Ich stellte also das Wasser ab, wies auf der Rothaarigen Vorbild hin, griff drohend nach der langen Riemenpeitsche, die ich mir zuvor auf das Regal bereitgelegt hatte, und befahl den Schülerinnen, sich wieder unter ihre Brausen zu stellen und es nicht zu wagen, dem Duschstrahl auszuweichen oder gar wegzuspringen. Aber

schon nach ein paar Sekunden war es diese verwöhnte Gebieter-Novizin, du weißt schon, diejenige, welche ohne ihren Liebsten nicht zu leben können glaubte, die schreiend zur Seite sprang, so dass ich nicht umhin konnte ein Exempel zu statuieren.

Ich stellte das Wasser wieder ab, ließ sie näher zu mir kommen, und ehe sie sich's versah, hatte ich die lange Peitsche zweimal um ihren Körper zischen lassen. (Herrliche Spuren gibt das auf der von der Dusche gut durchbluteten Haut!) Sie schrie laut auf, was ihr aber natürlich wenig half. Nachdem sie sich wieder eingereiht hatte, folgte der nächste Durchgang.
Auch die Herrinnen-Novizin war einmal nahe daran, dem kalten Wasser auszuweichen, aber sie hielt durch. Offenbar hatte sie durch ihre Herrin schon entsprechende Erziehung erfahren. Die ausgebildeten Gebieter-Sklavinnen schafften es zitternd so gerade eben. Hab's aber fürs erste Mal auch wirklich kurz gehalten, kündigte jedoch an, dass es von Tag zu Tag weiter ausgedehnt würde. Bevor sie sich abtrocknen durften, scheuchte ich sie noch zur Tür hinaus, die von dort aus zur Außenterrasse führt, die den gesamten Saunabereich umgibt. Ich schloss zu und ließ sie ein wenig in der morgendlichen Frische zappeln. Während dieser Zeit belohnte ich meine Kleine für ihr gutes Vorbild. Sie hatte nicht einmal mit der Wimper gezuckt! (Dafür zuckte sie nun umso mehr, aber das durfte sie auch!)
Ich finde, das die halbe Stunde, die ich ihnen anschließend für Trocknen, Haare föhnen und sonstige Körperpflege ließ, bevor sie in ihren Tagesgewändern zum Frühstück zu erscheinen hatten, doch ziemlich angemessen war, oder?

Musste übrigens eben kurz mein Schreiben unterbrechen. Die Kleine kam herein und guckte wieder so komisch, als sie mich schreibend sah. Nun muss sie mit gespreizten Beinen auf dem Teppich vor meinem Schreibtisch knien und sich selbst befriedigen, bis ich ihr erlaube aufzuhören. Später erwarten wir Besuch....

Fall übrigens dein geliebter Geschichtenerfinder einmal den Einwand vorbringen sollte, ich hätte mir das alles nur ausgedacht (nebenbei bemerkt: warum sollte ich? Ich will ja keine Romane schreiben und damit mein Geld verdienen! Es gibt einträglichere Dinge, z.B. das, was ich tue! Die Gebieter zahlen nicht schlecht für die Ausbildung ihrer Sklavinnen!), dann sage ihm, dass ich das Allermeiste mit meiner kleinen neuen Digicam dokumentiert habe. Das mache ich nur so als kleine Sicherheitsmaßnahme für mich. Falls einmal jemand kommt und sich über meine Arbeit beschwert.

Aber zurück zum Unterrichtsgeschehen. Das Training beginnt selbstverständlich schon beim Frühstück. Ich habe für den Speisesaal Spezialhocker anfertigen lassen. In die sattelförmige Sitzfläche der Hocker sind je ein Anal- und ein Vaginaldildo integriert, die durch einen unterhalb der Sitzfläche angebrachten Elektromotor in Vibration versetzt werden können. Das ganze ist über eine Fernbedienung individuell steuerbar. Tags zuvor hatte ich das noch nicht eingesetzt, sondern lediglich das mehrfache Aufstehen und Wiederhinsetzen während einer Mahlzeit arrangiert. Übrigens hatte die Herrinnen-Novizin sich dabei am geschicktesten angestellt. Die Kleine scheint das zu kennen.

Nachdem sich nun also alle in ihre Sitzposition begeben (dein geliebter Geschichtenerfinder Jean hätte das sicher ausführlicher beschrieben, z.B. wie sie dazu ihre plissierten Kleider hätten hochraffen müssen etc. Ich lasse solche Kinkerlitzchen beiseite!) und zu frühstücken begonnen hatten, stellte ich mittels der neben mir liegenden Fernbedienung den Vibrator ein. Klar, dass zunächst alle zusammenzuckten, obwohl ich – behutsam, wie ich bin – zu Beginn nur die schwächste Stufe gewählt hatte. Erst nach einer Weile, bevor ich auf Stufe zwei schaltete, kündigte ich an, dass ein Orgasmus unmittelbare Bestrafung nach sich zöge.
Eigentlich ja überflüssig, da sie ohnehin bei ihrem Eingangsgelöbnis die Erteilung der Erlaubnis, einen Orgasmus bekommen zu dürfen, von ihrem Gebieter auf mich hatten übertragen lassen müssen. Aber doppelt hält bekanntlich besser. Dachte ich. Die Strafandrohung bewirkte offenbar bei dieser verweichlichten Gebieter-Novizin gar nichts. Schon nach kurzer Zeit hielt sie es nicht mehr aus und kam. Bemühte sich nicht einmal es zu kaschieren!
Nun musste ich doch wirklich einmal richtig böse werden, um jeglichen Anfängen zu wehren, meine Befehle nicht ernst zu nehmen. Ich stellte die anderen auf Stufe eins zurück, sprang auf, eilte zur Delinquentin hinüber und zerrte sie an ihren Haaren von ihrem Stuhl hoch. Dann zwang ich sie auf die Knie und ließ mich von ihr lecken, während ich sie auspeitschte.

Erwähnte ich eigentlich schon, dass ich dort in der Regel einen Herrinnen-O-Rock trage? Du erinnerst dich doch sicher an die verschiedenen Varianten der O-Röcke und O-Kleider, oder? Welche Frage! Sicher gehe

ich richtig in der Annahme, dass du deiner neuen Freundin Gudrun ab und an bei der Arbeit zur Hand gehst, wenn du dort bei Jean lebst. Da kennst du dich ja inzwischen bestimmt bestens aus.
Ich finde diese nur vorn offenen Herrinnen-O-Röcke äußerst praktisch – für uns Herrinnen! Man kann die Sklavinnen zur Verrichtung ihrer oralen Pflichten ohne viel Aufwand zwischen seine Schenkel manövrieren. Die besondere Funktionalität der vorn und hinten zu öffnenden Sklavinnen-O-Röcke will ich dadurch natürlich nicht in Abrede stellen. Der Standesunterschied wird jedenfalls deutlicher, seit es diese Herrinnen-O-Röcke gibt!
Das ist übrigens ein wirklich schönes Teil, das ich da habe. Ganz aus rotem Samt, genauso wie das Oberteil, das Gudrun mir mit dazu geschneidert hat. Es handelt sich um eine einfache Korsage mit langen Ärmeln. Vorn ist sie mit einem Reißverschluss zu schließen. Diese Schnürmieder und Korsettoberteile haben sich wohl eher die Herren der Schöpfung einfallen lassen.

Apropos 'Herren der Schöpfung': deiner hat sich ja in seinen Romanen wirklich auch ein paar nette Sachen einfallen lassen. Er wird es mir sicher nicht verübeln, wenn ich da das ein oder andere abgeschaut habe. Mir hat sehr gut gefallen, dass eine seiner Protagonistinnen ein traditionelles 'Hausmädchenkleid' trug. Näher präzisiert hat er das ja nicht (ohnehin hat er ja an vielen Stellen der individuellen Phantasie ihren gebührenden Spielraum gelassen, was ich sehr schätze!), aber ich habe es als stilvoll empfunden und etwas in der Richtung meiner Kleinen für ihren Haushaltsdienst verpasst, den sie selbstverständlich neben ihrer Rolle als Assis-

tentin verrichten muss. Es ist ein schlichtes schwarzes, vorn durchgeknöpftes Taftkleid, das fast knielang und unten weit ausgestellt ist. Dazu hat sie eine richtig ordentliche weiße Schürze, die im Nacken und im Rücken gebunden wird. Dieser ganze modische Firlefanz mit kurzen Röckchen und Rüschchen, den man so in einschlägigen Geschäften findet, ist doch lachhaft. Wer denkt sich denn so etwas aus?
Gelegentlich lasse ich sie allerdings auch einmal die Schürze ohne das Kleid tragen. Heute Abend könnte ich das eigentlich auch mal wieder machen, kommt mir da gerade in den Sinn. Ist doch ganz nett anzuschauen....

Ich muss Schluss machen für heute! Wo ich an den Besuch denke, klingelt es doch tatsächlich. Hab wieder die Zeit vergessen. Während ich noch die letzten Worte zu Papier bringe, habe ich die Kleine geschickt, die Tür zu öffnen – mit der Maßgabe, dass sie eine Hand an der Möse behält, und unter Androhung einer erheblichen Strafe, wenn sie diesen Befehl missachtet. Ich werde den Besuch fragen....

Später mehr!

Gruß

E.

3-4

Sie war gerade dabei, sich auf einen weiteren langen Abend im Geschäft einzustellen und auch die Nacht wieder dort zu verbringen. In solchen Momenten begann sie vieles in Frage zu stellen. Ihren Job, die Art, wie sie lebte, die Form ihrer Beziehung, die Gemeinschaft.
Die schöne alte Villa, die Jacques und sie vor zwei Jahren gekauft hatten, stand immer häufiger leer. Dabei hatten sie so viele Pläne gehabt. Der Einzige, der etwas damit gemacht hatte, war Jean – wenn auch nur fiktiv. Er hatte seine Romane dorthin platziert.
Nun hockte sie bei der Arbeit, da sie der Aufträge kaum Herr werden konnte. Und die letzten schönen Sommerabende vergingen. Aber für heute hatte sie genug.

Es war schon dunkel geworden und sie hasste es ohnehin, bei künstlichem Licht zu arbeiten. Also löschte sie das Licht, verließ den Arbeitsraum, der zugleich als Anprobierzimmer fungierte, durchquerte den vorderen Verkaufsraum der Ateliers, der noch von der später automatisch verlöschenden Schaufensterbeleuchtung erhellt war und trat in ihr Refugium ein, in dem ein Durcheinander herrschte, das sie eigentlich nicht mehr sehen konnte. Der Platz für die vielen Kleider, an denen sie gleichzeitig arbeitete, war knapp geworden. Arbeits- und Verkaufsraum reichten nicht mehr aus. Außerdem musste es dort ja einigermaßen ordentlich aussehen.
Sie hatte aber keine Lust zum Aufräumen und goss sich ein Glas Rotwein ein, mit dem sie nach draußen in den kleinen Vorgarten trat, der sich im Hinterhof des Haus-

karrees unmittelbar hinter der gläsernen Terrassentür anschloss. Die sommerliche Milde des Abends machte sie erneut darauf aufmerksam, dass es noch ein anderes Leben gab. Seit dem mittäglichen Gang auf den Marktplatz mit Teresa und Jean hatte sie ihren Arbeitsplatz nicht verlassen. Gedankenverloren blickte sie in den sternenklaren Himmel, der vom Dunst der Stadt ein wenig eingetrübt war. Die Lichter der Häuser trugen ihr Übriges dazu bei, dass ihr der Vergleich dieses Blickes mit demjenigen durch den Kopf ging, den sie vom Garten der Villa aus hatten. Gerade der Blick in den östlichen und südlichen Himmel war dort immer wieder faszinierend. Damals hatte er ihr dort oft die Sterne gezeigt, Cassiopeia, Andromeda und Perseus. Bald ging sicher schon wieder Orion auf und kündete den Winter an.

Bei diesem Gedanken war sie merkwürdigerweise plötzlich froh, nicht dort zu sein. Besser hier allein als dort allein. Vom gegenüber liegenden Häusertrakt war gedämpfte Jazzmusik vernehmbar. Die Musik schaffte es, eine Stimmung von melancholischer Leichtigkeit zu erzeugen und so beschloss sie, sich aufzuraffen und der kleinen Jazzkneipe, die zur dahinter liegenden Straße hinausging, einen Besuch abzustatten. Sie waren lange nicht mehr dort gewesen und allein hatte sie sich irgendwie nie getraut. Immer noch trug sie den weißen Faltenrock und die rote Bluse und überlegte gerade, ob das passend sei oder sie etwas anderes anziehen sollte, als sie erschrocken zusammenzucken musste.
„Schatz, nimmst du mich mit?"

Unbemerkt ist er plötzlich da, wie aus dem Nichts. Seine Hände auf ihren Hüften. Sein Kuss auf ihrem Hinterkopf. Fast hat sie beim Versuch sich umzudrehen den Wein verschüttet. Doch seine nun feste Umarmung von hinten hat den Versuch zunichte gemacht. Ihr Herz pocht hinein in den festen Griff seiner Hände auf ihren Brüsten.
„Bist du wahnsinnig, mich so zu erschrecken?!"
Sie holt tief Luft. Jetzt dreht er sie zu sich, küsst sie auf den Mund und entgegnet:
„Klar bin ich wahnsinnig, aber erschrecken wollte ich dich nicht. Ganz ehrlich. Du musst ziemlich weit weg gewesen sein."
„Wieso bist du denn...?", will sie nun nach einer Erklärung verlangend ansetzen, doch er erstickt ihre Frage mit einem Kuss.
„Komm, lass uns hinübergehen. Es gibt etwas zu feiern!"
Ungläubig dreinschauend kann sie ihm momentan nur entlocken:
„Ich erzähl es dir dort. Komm schon, die Musik klingt verlockend und ich habe Durst! Oder magst du lieber wieder, dass ich verschwinde?"
„Ach du! Natürlich nicht. Schön, dass du da bist."
Sie nimmt einen Schluck Wein und reicht dann ihm das Glas.
„Hier, trink aus, du Durstiger. Um ein Haar wäre mein schöner weißer Rock hin gewesen."
„Trägst du ja eh nur für Jean!"
„Was? Oh, du bist gemein! Du hast es mir doch befohlen!"
„Hat es ihm denn gefallen?"

„Du stellst Fragen! Kennst ihn doch länger als ich. Ihr seid ja zusammengewachsen wie siamesische Zwillinge!"
„Mein Schatz, du hast wohl Sehnsucht nach der Peitsche!"
Zischend presst er es durch seine Lippen, während er sie, an den Haaren ziehend, nach hinten biegt. Seine Hand knetet ihren Po, ein Bein hat er zwischen ihre Schenkel gepresst.
„Liebster", säuselt sie ihn an. „Hast du nun Durst oder Lust?"
Nun muss er lachen. Er richtet sie auf, nimmt das Glas und trinkt es in einem Zug aus.
„Eigentlich.... Nein, nun los. Alles zu seiner Zeit!"
Zieht sie an der Hand hinter sich her ins Haus und sieht zu, wie sie den weißen Rock auszieht und dafür den kurzen engen Lederrock anzieht. Die rote Bluse behält sie an. Sie weiß, wie er sich beherrschen muss. Klaps auf den Lederpo, bevor es losgeht. Klaps auf seinen Lederpo.

Fast Ernstzeit.

4-4

Guten Morgen, du Schlaftier!

Oh, Schatz, warum hast du mich denn nicht geweckt?

Du schlummertest so tief, da hab ich es nicht übers Herz gebracht.

Und Frühstück hast du auch schon gemacht, du Lieber!

Als ob das was Besonderes wäre, muss ich doch immer!

Ich gelobe Besserung.

Du Schmollmund, du. Halt, bleib hier, du bist noch so schön warm.... Und die da sind ja auch schon aufgewacht.

-

Kommt doch nur, weil mir ein wenig kalt ist.

Na, ob ich das glauben soll?

Ja, sollst du. Aber du darfst auch glauben, dass es mich halb wahnsinnig macht, wenn du mich durch den seidigen Stoff meines Negligés streichelst.

Ach, ist ja nett, dass du mir erlaubst, das zu glauben. Ich erlaube dir gleich, die Gerte zu holen!

Ach, Gebieter! Sei nicht morgens schon so streng mit mir! Ich bin doch ganz lieb. Schau mal....

-

Nun ab mit dir. Jetzt wird gefrühstückt. Außerdem habe ich dir etwas Interessantes zu erzählen.

Das klingt ja spannend. Hast du dir eine Aufgabe für mich ausgedacht?

Du denkst wohl an nichts anderes mehr.

Wie könnte ich auch, meine Gebieter. All mein Denken bist du!

Wenn das so ist, muss ich mir ja gar nichts mehr ausdenken und du kannst es vorausahnend selbst tun.

Aber es ist schöner, wenn du es mir befiehlst.

Ich befehle dir, jetzt still zu sitzen und zuzuhören.

Ja, mein Gebieter. Darf ich mich so hinsetzen?

Ja, du darfst!

Brauchst gar nicht so die Augen zu verdrehen. Als ob du mich nicht ernst nimmst. Sind doch schließlich deine Regeln, die ich immer zu beachten versuche.

Falsch, meine Schatz! Es sind deine Regeln.

Mein ich doch. Und da muss ich doch meinen Gebieter um Erlaubnis fragen, wenn ich ausnahmsweise einmal etwas anderes tun möchte, als es eine der Regeln vorschreibt.

Richtig, aber wann ich meine Augen verdrehe, ist meine Sache! Hörst du nun zu?

Ja, mein Liebster. Was gibt es denn Interessantes?

Jacques hat angerufen, während du noch schliefst und gefragt, ob wir nicht umdisponieren und zu ihnen in die Villa kommen könnten. Sie würden auch ein schönes Abendessen für uns zaubern.

Das ist zwar etwas Besonderes, aber nun sei nicht so geheimnisvoll und sag schon, was das Interessante daran ist.

Sei doch nicht so ungeduldig! Er hat eine Riesenauftrag an Land gezogen und möchte gern mit uns feiern.

Aber das könnten wir genauso gut hier oder in der Stadt.

Richtig. Aber es soll ein symbolischer Akt sein. So eine Art Einweihungsfeier. Er will seine Werkstatt komplett in die Villa verlegen und auch Gudrun würde dann wieder die Hauptarbeit in ihren dortigen Atelierräumen mache. Sie wollen die Villa sozusagen zu ihrem zentralen Wohn- und Arbeitsort machen. Und deswegen sollen wir dorthin kommen. Ist doch okay, oder?

Ja natürlich. Warum nicht. Aber ich seh dir doch an, dass da noch was anderes ist. Nun sag schon!

Er will jemand einstellen, eine richtige Angestellte. Hauptsächlich für Gudrun natürlich.

Das ist ja toll. Ich glaub, allein hätte sie es nicht mehr lange durchgehalten. Und wenn das Geschäft so weiter läuft, ist das sicher eine vernünftige Lösung. Mit meiner gelegentlichen Mithilfe konnte ich sie ja wohl auch nicht wirklich unterstützen

Eben. Und demnächst fährst du ja schon wieder weg!

Ach Schatz, dein Unterton war aber jetzt unpassend. Es geht doch nicht anders. Meine Arbeit ist dort! Was soll denn aus dem Verlag werden? Und außerdem haben wir uns doch gemeinsam entschieden, es so zu versuchen – mit dem Leben an zwei Orten.

Ja, entschuldige. Ist ja schon gut. Kannst du vielleicht auch mal etwas anderes hineininterpretieren in meinen 'Unterton'?

Verzeih, du! Bin ja auch schon wieder ganz traurig, wenn ich daran denke.

-

Möchtest du noch eine Kaffee?

Ja, gerne.

Du kennst sie.

Wen?

Na, die neue Angestellte!

Was? Ich kenne doch hier gar niemanden!

Sie ist ja auch nicht von hier.

Ach bitte, jetzt spann mich doch nicht so auf die Folter. Wer ist es denn?

Isabella!

Wie bitte? Das glaub ich nicht.

Und es ist trotzdem wahr!

Aber wieso hat sie mir denn nichts gesagt? Zieht sie dann hier hin? Sie hatte doch eben erst in der Hauptstadt Fuß gefasst. Und wieso hat sie denn überhaupt mit Gudrun und Jacques Kontakt? Und wieso weiß ich von alledem nichts?

Stopp, mein Schatz! Ich kann dir auch nicht mehr sagen. Aber du kannst sie das alles schon ganz bald persönlich fragen. Gleich morgen! Sie kommt nämlich auch in die Villa. Schau nicht so ungläubig, es ist wahr!

Du willst mir einen Bären aufbinden. Als Nächstes erzählst du mir, dass du sie auch schon in dein 'tableau' eingebaut hast.

Aber natürlich! Mein Schatz, manchmal bist du richtig weise!

Sie hatte das Gefühl, dass das Bild der drei nunmehr vor ihm knienden, mit dem Unschuldsweiß der Nachtkleidchen angetanen Sklavinnen, den Folterknecht besänftigte.

Dieser Gedanke wurde von der Hoffnung getragen, dass ihm wohl doch daran gelegen war, einen Eindruck zu erzeugen, der seine Zugehörigkeit zur Gemeinschaft nicht in Frage stellte. Ihm war also wohl klar, dass sich alles in Windeseile herumspräche.

Aus dieser Hoffnung gespeister Mut leitete sie auch bei der Frage, ob sie die Maschine abstellen und die Rothaarige losbinden dürfe. Ersteres erlaubte er ihr, letzteres würde er selbst vornehmen, wenn er auf andere Weise über sie zu verfügen gedenke oder die Maschine anderweitig gebraucht würde.

Dann befahl er ihr, Wein zu holen und forderte die Sklavinnen in recht mildem Ton auf, der ihnen offenbar die Angst nehmen sollte, ihre Nachtkleidchen auszuziehen.

Sein veränderter Tonfall beunruhigte sie wieder ein wenig und so fing es in ihr auf dem Weg zur Küche erneut in ihrem Kopf an zu rotieren, welche Rettungsmöglichkeiten es gäbe. Aber ihre Gedanken kamen zu keinem Ziel und lange allein lassen wollte sie ihre Schützlinge nicht.

Als sie das Kellergewölbe wieder betrat, sah sie sich in ihrer Befürchtung bestätigt. Sie versuchte, ihr Erschrecken darüber, was sie sah, zu verbergen. Doch sie bekam das Gefühl, dass er es wahrgenommen hatte, denn als sich ihre Blicke trafen, packte er den Schoß der vor ihm stehenden Sklavin besonders fest und zog sie abrupt zu sich heran.

Daran hatte sie noch gar nicht gedacht! Die Sklavinnen trugen natürlich keinen Pfortenschutz. Im geschützten Übungsfeld des Schulungskurses war das ja völlig unnötig und behinderte zudem den größten Teil der Übungen. Das Zeichen des fehlenden Pfortenschutzes gab ihm also ein Recht – ein Recht, gegen das nur der Gebieter oder die Herrin der jeweiligen Sklavin hätte intervenieren können.

Die Sklavinnen standen ihm also vollständig und nicht nur oral zur Verfügung. Es war ihres Wissens nach in der Geschichte der Gemeinschaft noch nie vorgekommen, dass jemand ohne Absprache dieses Recht in Anspruch genommen hatte. Er würde es tun.

Dessen war sie sich sicher. Und dass er es nicht tun würde, trügen sie den Pfortenschutz, dessen war sie sich auch ziemlich sicher. Denn offensichtlich lag ihm doch daran, in der Gemeinschaft zu bleiben. Was zwischen ihr, der Rothaarigen und ihm war, hatte damit nichts zu tun. Er konnte einfach behaupten, die Anschuldigungen, die sie gegen ihn vortrüge, seien erlogen. Aber die drei Sklavinnen stellten quasi eine Art Öffentlichkeit her. Fünf Personen würde man glauben.

Wie abwegig ihr gesamter Gedankenfluss war, der ihr im Bruchteil eines Augenblicks durch den Kopf schoss, wurde ihr klar, als sie sah, was sie am liebsten ausgeblendet hätte. Als er die Sklavin brutal an sich herangezerrt hatte, die eine Hand in ihrem Schoß, die andere in ihr kurzes blondes Nackenhaar gekrallt, machte sich wieder jenes breite, böse Grinsen auf seinem Gesicht breit. Ein Grinsen, das sie erschauern ließ. Diese Bestie war gänzlich unberechenbar.

2-5

Liebe Teresa!

Sag mal, ist es wahr, was ich da höre: Isabella zieht zu euch in den Süden? Ist ja unglaublich! Gibt's da jetzt ein flottes Trio? Oder gar ein Quintett? Ich gebe zu, dass ich vor Neugier platze! Habe momentan leider nur suboptimale Informationsquellen. Wäre dir also sehr verbunden, wenn du mir ein paar Takte erzählst.
Oder willst du mich damit überraschen und – wenn du wieder in der Hauptstadt bist – mir erzählen, dass du deinem geliebten Gebieter aus lauter Liebe eine Nebensklavin besorgt hast, damit es ihm in der Zeit deiner Abwesenheit an nichts ermangelt? Und dafür auch noch selbst ganz altruistisch auf ein wenig 'Naschen' verzichtest, weil sie ja dann nicht mehr hier ist? Du Inkarnation der Selbstlosigkeit! Aber das macht ja nichts. Die Welt ist voller Naschwerk....

Schon gut! Meine Phantasie steht der deines geliebten Geschichtenerfinders in nichts nach! Zurück also zu meinen Realitätsberichten. Der 'Besuch' von neulich abends hing übrigens unmittelbar mit der Schule zusammen. Lass mich daher ein paar Worte darüber verlieren, bevor ich zu meinem eigentlichen Bericht zurückkehre. Sicher bist du auch neugierig, wie die Kleine sich in ihr Schicksal gefügt hat. Hast ja auch das ein oder andere mit mir durchleiden müssen. Hab übrigens diesbezüglich gar keine Schuldgefühle! Keine stöhnte so schön wie du, wenn dich der Rausch der Lust überkam....

Es war ein denkwürdiger Abend, nach dem ich zum ersten Mal darüber nachdenken musste, dass wir alle miteinander ein wenig mehr aufpassen müssen. Aber ich finde, dass ich es gut gemeistert habe.

Da ich inzwischen weiß, dass du die beiden, die an dem Abend zum 'Vorstellungsgespräch' gekommen sind, zumindest vom Hörensagen kennst (ich vermute es, da ich annehme, dass Gudrun davon erzählt hat!), kann ich es etwas abkürzen. Die 'Anprobe' bei Gudrun scheint wohl ein wenig aus dem Ruder gelaufen zu sein. Ich hatte diesbezüglich schon einen warnenden Anruf von Jacques erhalten und war also auf Komplikationen eingestellt.

Mein Entschluss, die Kleine nackt und mit der Hand in ihrer Möse zur Tür zu schicken, geschah nicht etwa unreflektiert, auch wenn mich die verfrühte Ankunft der beiden etwas überrumpelte. Ich dachte, eine kleine paradoxe Intervention zu Beginn könne der ganzen Sache den richtigen Weg weisen. Aber das birgt natürlich immer ein Risiko in sich!

Ich verblieb bewusst im Wohnzimmer und wartete, bis die Rothaarige die beiden hereingeführt hatte. Er war wie immer elegant gekleidet – dunkler Nadelstreifenanzug, hellblaues Hemd mit nachtblau gemusterter Krawatte – und verstand es, sein gepflegtes Äußeres, das einen Hauch von weltmännischer Erfahrung ausstrahlt, in spontane Sympathieempfindung meinerseits umzusetzen. Wenn ich 'wie immer' sage deutet das darauf hin, dass ich ihn zwei- oder dreimal in ähnlicher Aufmachung bei kurzen Begegnungen erlebt hatte. Sein gekonnt in die Begrüßung integrierter Handkuss verstärkte diese Gesamtwirkung. Ich begann, Jacques' Informationen anzuzweifeln.

Ich betone diese Details deswegen, damit der Gegensatz zu dem von ihm alsbald an den Tag gelegten Verhalten deutlicher wird. Vielleicht hatte ja Gudrun ähnliche Empfindungen.

Seine Sklavin – und es war sofort offenkundig, dass sie dies mit ganzer Hingabe war – hieß er niederknien, noch bevor er sie vorgestellt hatte. Sie tat es prompt und mit vollendeter Devotheit. Ich fragte mich, wozu sie überhaupt in die Schulung kommen sollte. Der Hintergrund sollte mir später deutlich werden.

Formvollendet ließ sie sich auf die auseinandergespreizten Knie nieder und raffte ihren schwarzen Seidenplisseerock dabei so gekonnt, dass man davon ausgehen konnte, dass sie einen perfekten Drill erfahren hatte. Der ganze Bewegungsablauf war leicht und grazil, was ihre doch recht üppigen weiblichen Rundungen nicht unbedingt hätten erwarten lassen. Mit zu Boden gesenktem Blick, die Hände auf den Knien liegend – zum weiteren Raffen des Rockes bereit – folgte sie dem weiteren Geschehen. Durch den tiefen Ausschnitt ihrer nur durch einen Knopf gehaltenen, stark taillierten Samtjacke wurde die darunter verborgene Nacktheit offenkundig.

Er kam dann recht zügig zur Sache, aber es wurde mir schnell klar, dass es ihm über die Darbietung und Erläuterung der in der Schulung zu erlernenden oder zu fördernden Techniken und Verhaltensweisen hinaus darum ging, durch das gesamte Arrangement über weitere Sklavinnen verfügen zu können. Sein Ziel schien zu sein, das als Mittel zu benutzen, seine eigene Sklavin, die ihm in solch starker Devotheit und Hingabe verfallen war, wie ich es selten erlebt habe, noch intensiver quälen zu können. Hört sich merkwürdig an, stimmt aber wohl!

Nun, ich will hier nicht näher auf Details eingehen. Du kannst dir vorstellen, dass ich auf meine Kleine aufgepasst habe. (Hab ich doch bei dir auch immer getan, oder?) Nebenbei bemerkt musste ich auch auf mich selber aufpassen. Das ist ein 'Don Juan' übelster Sorte!
Ich will nur schnell erwähnen, dass ich zu einer Notlüge greifen und etwas 'erfinden' musste, um der Situation Herr zu werden. Ich habe da ganz auf meine Autorität und auf meine Intuition vertraut und siehe da, es hat funktioniert!
Eigentlich war mir schon danach einzuschreiten, als er nach einer Weile des Vorführens diverser Unterweisungsmethoden durch meine Kleine seine Sklavin vor sich beorderte und sich von ihr sucieren ließ. Aber nun gut, ich ließ es geschehen. Bin ja manches gewöhnt. Manchmal würgte er sie, dass es mir weh tat. Im Prinzip hielt er sie die ganze Zeit nur auf seinen Schwanz gepresst und sie musste bewegungslos verharren, während er den Vorführungen der Rothaarigen zusah. Gelegentlich bewegte er ihren Kopf. Ich kann es gar nicht richtig beschreiben. Eigentlich bedeckte sie ihn nur. So sah es aus. Er bewahrte seinen Schwanz in ihr auf. Es war, als ob er damit noch anderes vorhatte. Was sich bald artikulieren sollte....

Die Rothaarige war gerade dabei, mit Hilfe eines ganz besonderen Sitzkissens das Ritual anzudeuten, das in der Schule insbesondere das Einnehmen der Mahlzeiten begleiten würde. Ich habe es dir in meinem letzten Brief schon geschildert, so dass du dir vorstellen kannst, worum es ging. Sie legte das Sitzkissen mit integriertem Anal- und Vaginaldildo auf einen Stuhl und ließ sich langsam darauf nieder. Natürlich kann meine Kleine das auch schneller, aber ich hatte sie vorher instruiert, ihre Präsentation bewusst demonstrativ zu gestalten. Eigentlich brauche ich da meist nicht darauf hinzuweisen, weil sie das gerne und mit Inbrunst tut. Gerade an diesem Tag aber hatte ich es betont. Möglicherweise unbewusst hatte das Thema 'Eifersucht' dabei eine Rolle gespielt. Du erinnerst dich.... Jedenfalls war es die Langsamkeit dieses Aktes, die zu der von mir nicht erwarteten, aber schon angedeuteten Wendung führte und meine Intervention dringend und schnell erforderte.

Ganz beiläufig, als ob es das Selbstverständlichste von der Welt sei, meinte doch der unverschämte Kerl und presste gerade bei diesen Worten den Kopf seiner Sklavin noch weiter auf seinen Schwengel: „Sicher kann ich bei Ihrer Sklavin gleich einmal testen, ob dieses Training eine spürbare Kompetenz erzeugt."

Möglicherweise offenbarte ihm der Bewegungsablauf gerade bei dieser Übung ihre Ringe besonders deutlich – und damit zugleich die Tatsache, dass sie nicht das Symbol des Pfortenschutzes trug, also das die beiden Ringe verbindende Kettchen. Schließlich hätte Letzteres die Präsentation der meisten Übungen ziemlich verkompliziert!

Ich muss allerdings zugeben, dass ich an die Möglichkeit dieser Entwicklung trotz der Vorwarnung gar nicht gedacht hatte, so dass ich eine Weile für meine Antwort brauchte.

Mit sachlicher Klarheit entgegnete ich: „Mein Herr, Sie werden bemerkt haben, wie ich die Sklavin zu ihrer Begrüßung geschickt habe. Für den Fall, dass Ihnen die Regeln der Gemeinschaft noch nicht so vertraut sind, darf ich es Ihnen noch einmal kurz erläutern. Ich hatte meiner Sklavin nicht etwa befohlen, die Hand an sich zu legen, um sich Lust zu verschaffen, sondern um anzudeuten, dass sie heute Abend nicht zur Verfügung steht. Diese Gestik ist eine kleine Ergänzung zur Pfortenschutzregel, ein Ersatz für die Kette quasi. Das Vorexerzieren mit der Pfortenschutzkette wäre doch recht schwierig gewesen! Wir hatten für heute eine Demonstration vereinbart, nicht mehr!"

Ich merkte, wie er schluckte. Aber er respektierte es. Meine 'Anreicherung' der Regeln hatte also funktioniert. (Nebenbei bemerkt finde ich das ganz nett, was ich mir da spontan ausgedacht habe. Es muss natürlich nun dringend in den Katalog aufgenommen werden. Der kommt auf die Idee und fragt nach!)
Du kannst dir denken, dass seine Sklavin seinen Unmut umso heftiger zu spüren bekam, aber ich will die Schilderung des Geschehens an dieser Stelle nicht fortsetzen. Wie schon gesagt, wir müssen ein wenig aufpassen. Rede mal darüber mit Jean, Jacques und Gudrun. Mit Isabella natürlich auch....

Aber nun wieder zur Schule. Bei meiner Schilderung war ich an der Stelle stehen geblieben, als diese verweichlichte Gebieter-Novizin bestraft werden musste, weil sie unerlaubterweise infolge der 'Sitzbehandlung' eine Orgasmus bekommen hatte. Während sie mich noch leckte, überlegte ich mir, das Strafmaß ein wenig

auszudehnen. Ich erinnerte mich an den Wunsch ihres Gebieters und beschloss, sie auf der Stange zu fixieren, während die anderen noch weiter frühstücken durften.
Ich befahl der Rothaarigen, die Frühstücksaufsicht zu übernehmen – was die Bedienung des Sitzmobiliars implizierte – und führte die verweichlichte Gebieter-Novizin in meinen kleinen 'Folterkeller'. (Oder sollte ich lieber 'Trainingszentrum' sagen, das klingt nicht so grausam? Aber du weißt ja, es dient alles nur dem Lustgewinn!)
Sie wusste, was auf sie zukam und fügte sich in ihr Schicksal. Schließlich hatte sie, wie alle anderen auch, tags zuvor schon für kurze Zeit Bekanntschaft mit der Stange gemacht.
Die 'Stange' – ich nenne dieses herrliche, einfach auch ästhetisch schöne Instrument der Einfachheit halber so – muss ich dir doch ein wenig erläutern, zumal kein geringerer als Jacques es angefertigt hat. Dessen handwerkliche Begabung kann man wirklich nicht hoch genug loben! Er hat mir dafür nicht einmal etwas berechnet, da er es als 'Probierstück' (ich finde, es ist ein Meisterstück) betrachtete und damit vielleicht in Serie gehen wollte. Auf Schloss B. werden diese hübschen 'Folterinstrumente' also demnächst wohl auch eingesetzt werden....

Du musst dir einfach ein etwa fünf Zentimeter dickes, silbernes Edelstahlrohr vorstellen, das in einer darauf abgestimmten Öffnung drehbar im Boden verankert ist. Am unteren Ende der Stange, kurz oberhalb des Bodens zweigt nach rechts und links eine Querstange von circa dreißig Zentimeter Länge. Stell dir halt ein umgedrehtes 'T' vor. An den Enden der also insgesamt sechzig Zentimeter langen Querstange sind schöne breite, ebenfalls silberfarbene Fußfesseln angebracht. Da du ja auf Schloss B. Bekanntschaft mit einer Spreizstange gemacht hast, brauche ich hier deine Vorstellungskraft ja wohl nicht allzu sehr bemühen.

Ich finde ja, die natürlich als Spreizstange dienende Querstange hätte länger sein müssen, aber dieser zartfühlende Jacques hat es einfach von sich aus so entschieden. Männer! Aber ein klasse Kunstschmied ist er! Alles geht harmonisch ineinander über. Man sieht gar keine Schweißnaht und die Funktionalität der eigentlichen Stange, die, wie du dir inzwischen denken kannst, dazu dient, die Delinquentin 'aufzuspießen', ist genial. Der obere Teil des Rohres kann nämlich wie ein Teleskop ausgefahren werden und dadurch auf die individuelle Größe der Delinquentin eingestellt werden. Den Abschluss oben bildet ein einfacher, glatter Vibrator, der – auch das kannst du dir vorstellen – durch ein im Rohr liegendes Elektrokabel in Aktivität versetzt werden kann.

Der Clou des ganzen Arrangements kommt aber noch! Fiel dir nicht auf, dass ich anfangs von der Drehbarkeit der Stange gesprochen habe? Die verweichlichte Gebieter-Novizin wurde schon etwas bleich, als ihr klar wurde, dass diese tags zuvor nur angedeutete Möglichkeit nun Realität würde. Aber der Reihe nach. Nachdem sie ihr Kleid ausgezogen hatte, führte ich sie zur Stange in die Mitte des Raumes.

Ich vergaß zu sagen, dass die Stange sich in einem kleinen Nebengewölbe befindet. Das Hauptgewölbe des Kellers ist von insgesamt vier Nebengewölben umge-

ben, die allesamt durch große Torbögen mit dem Hauptgewölbe verbunden sind. Sie können auch geschlossen werden, aber wenn sie geöffnet sind, kann man vom Zentralgewölbe aus im Prinzip alles einsehen, was dort passiert. Die Gerätschaften und Arrangements in den Nebenräumen sind aber so postiert, dass von dort aus kein direkter visueller Kontakt zum Geschehen im Zentralgewölbe möglich ist. Die Delinquentin soll ganz für sich sein!
Ich fixierte sie also zunächst mit Hilfe der Fußschellen und ließ dann den glänzenden Phallus in ihre Möse gleiten. Du weißt, dass ich bei so etwas behutsam bin! Obwohl ihr feuchtes Fötzchen das nicht erfordert hätte, verwendete ich sogar noch Gleitcreme. Dann war da noch etwas von Nöten, dass ich tags zuvor nur angedeutet hatte. Ich befahl ihr, die Arme nach vorn auszustrecken und fixierte ihre Handgelenke mit Hilfe der Schellen, die sich an den Enden der Ketten des Flaschenzuges befinden, der am Deckengewölbe direkt über dem Kopf der Delinquentin angebracht ist.

Die Bleichheit in ihrem Gesicht breitete sich aus, als ich mit Hilfe der zur Seitenwand des Raumes führenden Seilzugvorrichtung die Ketten mit den Schellen daran langsam vor ihr heruntergelassen hatte, und sie nahm noch zu, als ich schließlich ihre Arme so weit hochgezogen hatte, dass sie in einer schönen, gestreckten Position war. Nicht übertrieben gestreckt, aber doch ganz schön eben. Ein gewisses Maß an Bewegungsfähigkeit sollte da bleiben. Du wirst gleich erfahren, warum. Dennoch hatte die Streckung zur Folge, dass ich den Sitz der Stange in ihrem Möschen nachregulieren musste. Sie sollte schließlich vernünftig ausgefüllt sein.

Sie fing ein wenig zu jammern an und wollte andauernd wissen, was noch mit ihr passiert. Ich habe ihr daher als Nächstes erst mal einen Knebel verpasst. Dieses Herumgezicke! Theoretisch vor Unterwürfigkeit zerfließen und um etwas bitten, was sie an den Liebsten erinnert, und wenn's soweit ist, die Panik kriegen! Da hilft nur Ignorieren.

Dann befahl ich ihr, sich zu drehen. Sie schien nicht gleich zu verstehen, also ließ ich die Riemenpeitsche auf ihre Titten klatschen. Der Reflex des Ausweichens, das ja nun einmal nicht möglich war, führte zu einem versuchten Hopser, der ihr klar machte, was ich meinte. Sie begann tatsächlich, anfangs noch unkontrolliert, aber dann – spätestens nach dem dritten Hieb – immer besser die Füße zentimeterweise nach vorne, beziehungsweise nach hinten zu bewegen und kam dadurch allmählich in eine langsame Drehbewegung.
'Geht doch!' sagte ich nur und verband ihr auch noch die Augen mit einem schwarzen Seidenschal.
'Und das Drehen nicht vergessen,' warf ich ihr beim Hinausgehen noch zu und ergänzte noch, als ich schon im Zentralgewölbe war: 'Dein Gebieter wird wenig erfreut sein zu hören, dass du hier deine Zeit aufgespießt verbringst, währen die anderen Schülerinnen ihr Training fortsetzen!'
Ich wollte ihr wenigstens andeuten, dass sie so schnell nicht aus ihrer Zwangslage befreit würde. Der Knebel sorgte dafür, dass ihr Protestgewimmere klanglos im Gewölbe verhallte.
Bei der Fortsetzung des Frühstücks beschloss ich, den ursprünglich geplanten Verlauf ein wenig zu verändern und die gegebene Situation in das weitere Training zu

integrieren. Die Delinquentin sollte schließlich lernen, den Orgasmus zu unterdrücken und für die anderen wäre es die optimale Gelegenheit, das richtige Züchtigen zu üben. Doch davon mehr in meinem nächsten Brief. Meine Kleine kommt gleich. Sie hatte heute eine recht delikate Aufgabe!

Bis demnächst.
E.

3-5

Früh morgens waren sie dann zur Villa aufgebrochen, nachdem sie zuvor in der Stadt einkaufen gewesen waren. Als sie über die Anhöhe unweit des Sees fuhren, dort, wo die Straße abzweigte, die in das höher gelegene Bergdorf führte, an dessen Rand die Villa lag, brach die Sonne hervor.

Sie musste blinzeln. Die Augen hatten sich an den dichten Nebel gewöhnt, der an diesem Morgen über dem See und dem Talkessel der Stadt hing. Der beginnende Herbst hatte schon Spuren hinterlassen. Die dichten Laubwälder, die sie nun über die serpentinenförmig höher kletternde Straße durchquerten, begannen sich zu färben. Es leuchtete. Der Tag versprach schön zu werden.

„Du, ich freu mich. Ist wie ein kleiner Urlaub!", flüsterte sie. Zärtlich tätschelte er ihr linkes Knie.

„Wir machen jetzt nur noch Urlaub!", entgegnete er lächelnd. Unversehens bog er nach einer Kehre, die es erforderte, die Geschwindigkeit zu reduzieren, in einen kleinen Waldweg und hielt an.

„Und fangen gleich damit an", fuhr er fort. Er beugte sich zu ihr hinüber, ergriff mit einer Hand ihr Kinn, küsste sie und ließ seine andere Hand zwischen ihre Schenkel gleiten. Sie trug, wie schon abends zuvor, den knappen Ledermini, hatte sich aber, der kühlen Morgenwitterung Tribut zollend eine dünne, schwarze Wollstrumpfhose angezogen.

Ihre privaten Spielregeln wichen ein wenig von denen der Gemeinschaft ab, die ja im Wesentlichen Jeans Erfindungen waren. Jacques mochte das mit den Strumpfhosen und er mochte sie auch gern im Liebesspiel zerreißen, auch wenn es ihm am liebsten war, wenn sie gänzlich nackt war.

Wenn er sie hieß, Strümpfe und Strapse zu tragen, war es meist ein Zugeständnis an seinen Intimus Jean. Deren Männerfreundschaft hatte sie ohnehin nie ganz durchschaut und es irgendwann auch aufgegeben, es überhaupt zu versuchen. Seit es Jacques für sie gab, gab es auch Jean. Er gehörte irgendwie dazu. Sie liebte Jacques ganz innig, auch wenn sie gelegentliche Zweifel befielen. Und Jean mochte sie. Und Teresa, die Jean mit ins Spiel gebracht hatte, hatte sie auch in ihr Herz geschlossen.

Ihre Gedanken waren nur kurz abgeschweift. Im Moment fühlte sie sich einfach glücklich und zufrieden – hatte aber jetzt gerade eigentlich gar keine Lust, befingert zu werden.

„Schatz, die war wirklich teuer!", begann sie ihren Protestversuch. Sie spürte, dass er sofort gemerkt hatte, dass es ihr darum nicht ging. Aber er blieb auf der Ebene.

„Schatz, ich verdiene jetzt genug Knete. Ich kaufe dir hundert Neue!"

„Aber da hab ich ja jetzt nichts davon!"

„Brauchst du auch nicht. Schau nach draußen, es ist Sommer!"

Die Sonnenstrahlen begannen in der Tat schon an Kraft zu gewinnen.

„Du hast Recht, mein Liebster. Ich zieh sie einfach aus."

Sanft schob sie ihn von sich und wusste, dass er es akzeptieren würde. Sie hob ihren Po, zog den Rock hoch, griff an den Bund der Strumpfhose und schob sie hinunter. Als sie in ihren Kniekehlen hing, zog sie zunächst ihre kleinen Stiefeletten aus, um sich schließlich die Strumpfhose ganz abzustreifen.
Noch in der Aufwärtsbewegung begab sie sich vorsichtig in seinen Schoß, dem Hindernis des Lenkrades Tribut zollend. Sie befreite seinen steinharten Stab und ließ ihn sofort in ihre Mundhöhle gleiten. Sein Aufstöhnen törnte sie fast schon wieder an, aber sie wollte ihn jetzt einfach nur erlösen. Manchmal ließ sein Druck sie erschauern. Am Abend und des Morgens früh und jetzt schon wieder. Er brauchte nicht lange. Und sie auch nicht – sich bemühen.
„Danke!"
Ernst.
„Du darfst jetzt deinen Rock wieder herunterziehen, Sklavin!"
Spiel.

Als sie den alten, schon als historisch zu bezeichnenden Dorfkern durchquerten und schließlich in die kleine, ungepflasterte Straße einbogen, die zur Villa führte, überkamen sie heimatliche Gefühle. Schnell, fast etwas ruckartig, so dass er zusammenzuckte, schlang sie ihre Arme um seinen Hals und drückte ihm einen Kuss auf die unrasierte Wange. Der Himmel war blau hier oben, aber ein kleiner, für Herbsttage viel versprechender Hauch von Dunst lag noch darunter.
Er bog in die kiesbedeckte Hofeinfahrt und brachte das Auto unmittelbar vor dem Eingangsportal zum Stehen.

„Wann haben wir eigentlich mal wieder das Cabrio? Immer, wenn Teresa hier ist, haben die zwei es!"
Es war ihr so herausgerutscht, obwohl es ihr momentan eigentlich ziemlich egal war. Aber als es heraus war, wusste sie, dass sie einen wunden Punkt angesprochen hatte und es außerdem vielleicht ungerecht war. Das alte Cabrio, das die Freunde in jahrelanger Arbeit gemeinsam restauriert hatten, stand ja eigentlich meistens bei ihnen in der Garage der Villa, da Jean es, wenn er allein war, selten benutzte. Sie spürte schon, was er sagen wollte, legte ihm aber schnell zwei Finger auf den Mund, um ihn daran zu hindern.
„Verzeih, war nicht so gemeint. Ist ja auch nicht so wichtig. Komm Schatz, wir haben viel zu tun. Wer weiß, wann Isabella auftaucht. Und wie ich Jean kenne, werden er und Teresa auch nicht allzu lange auf sich warten lassen. Sie hat mir von seiner neuesten 'tableau-Idee' erzählt. Er will da irgendetwas mit uns probieren. Also, ich weiß nicht!"
„Aber ich, mein Schatz!"
Die Eingangstür weinte nach Öl.

4-5

Teresa, nun beeil dich doch etwas!

Ja, Schatz, bin gleich fertig!

Wir wollten sie doch überraschen und schon etwas früher dort sein.

Ja, sofort!

War schließlich dein Vorschlag, eher hinzufahren, um ihnen noch ein wenig zu helfen, bevor Isabella kommt.

Ja doch! Hetz mich doch bitte nicht so.

In Wirklichkeit ging es dir doch nur darum, Isabella so früh wie möglich wiederzusehen.

Ach, du bist gemein. Das ist doch gar nicht wahr.

Klar ist das wahr. Nur, wer die Sehnsucht kennt....

Ach, du willst mich ja nur ärgern. Außerdem widersprichst du dir ja selbst. Würde ich mir dann so viel Zeit lassen. Ich mach mich doch nur schön für dich!

Schatz, du bist immer schön.

Ja, aber manchmal doch wohl noch etwas schöner, oder?

Nun schau, gefall ich dir?

-

Jetzt muss ich doch noch mal die Lippen nachziehen.... Dir ist nicht einmal aufgefallen, dass der Lippenstift den gleichen Farbton hat wie mein Rock!

Wer sagt, dass mir das nicht aufgefallen ist. Es fällt mir natürlich immer sofort auf, wenn du diesen wunderbar schwingenden, rotbraunen Plisseerock anziehst. Du weißt, dass ich das mag. Und ich finde, er passt wunderbar zu dir. Und dann diese kurze schwarze Samtjacke dazu, perfekt! Nun zeig mal, ob das Darunter auch passend ist!

Aber Schatz, ich denk, wir müssen los!

Nun red nicht, mach! Dafür ist nun auch noch Zeit.

-

Ist es recht so, der Herr?

Zieh die Jacke ganz aus und komm her!

-

Oh, bitte! Mach weiter! Es macht mich wahnsinnig, wenn du meine Nippel so zwirbelst.

Alles zu seiner Zeit. Nun heb den Rock hoch!

Da muss ich mich ja richtig bücken.

Das ist ja der Sinn an der Sache. Halt, bleib so. Der eine Strumpfhalter da rechts sitzt nicht perfekt. Korrigiere es!

Ach, Schatz!

Schweig! Was sollen die anderen von mir denken! Das Rotbraun stimmt übrigens wirklich perfekt mit der Rockfarbe überein – und mit der deines Lippenstiftes. Du siehst, ich achte auf Details. Und deshalb muss ich kritisch anmerken, dass die schwarze Büstenhebe nicht ganz passend ist.

Aber ich hab zu dem Strapsgürtel keinen passenden BH. Außerdem dachte ich, dass er halt gut zu meiner schwarzen Samtjacke passt.

Die wirst du ohnehin die meiste Zeit nicht brauchen, also zieh ihn aus! Wir werden demnächst nach einem Entsprechenden suchen. Und nun los. Halt, dreh dich um, beug dich vor und zieh den Rock hoch.

Aua! Wofür war das denn?

Dafür, dass wir wegen dir zu spät kommen.

-

Soll ich den roten Hut aufsetzen?

Wenn du magst. Aber nun komm. Gepäck ist alles schon im Auto.

Danke, mein Gebieter.

Los, du Schmollmund. Darfst auch fahren. Wenn du dich ans Steuer setzt, kommt sicher gleich die Sonne raus.

-

Und dann halten wir an und öffnen das Verdeck.

Und suchen im Wald nach ein paar schönen Ruten.

Aber ich bin doch ganz lieb!

Na, wer weiß. Ob das so bleibt? Zum Beispiel jetzt: ist der Rock etwa weit genug hochgezogen?

Aber Schatz, ich muss doch fahren!

Was hat das damit zu tun. Gelten dann die Regeln nicht? Lange Röcke werden beim Sitzen deutlich über die Knie gezogen! So, ich will die Ränder der Strümpfe sehen! Übrigens hätten klare Strümpfe besser gepasst als die schwarzen.

Oh Schatz, du bist aber auch nie zufrieden.

Ich denk doch nur an dich! Was willst du mehr? Spreiz die Beine weiter auseinander.

Oh du! Ich halte das nicht durch. Du treibst mich in den Wahnsinn.

Das ist wohl mehr dein Part. Außerdem ist doch kaum Verkehr!

Aber... Du. Die Sonne kommt durch.

Na siehst du, nimmst ja doch noch anderes wahr.

Wir können ja auf der Anhöhe beim Ausflugscafé anhalten.

Wenn es dich nicht stört, dass dort gewiss Betrieb herrscht. Das Wetter ist schließlich viel besser hier oben.

Ach, ich meine doch nur, dass wir das Verdeck öffnen könnten. Schau mal, der Himmel wird blau!

Du willst wohl ablenken.

Schatz, sei doch gnädig mit mir!

Na hör mal, bin ich das nicht die ganze Zeit schon?

-

Jean, Jean!

Was denn nun? War es schon?

Nein! Schau doch mal! Dahinten auf dem Parkplatz. Das ist Isabella!

Was?

Ja, wirklich! Das ist sie. Sie scheint eine Panne zu haben. Du, es qualmt ja richtig aus ihrem Auto. Wir müssen ihr helfen!

Na, fahr hin und halte an!

Schatz, du bist lieb.

Spinnst du, was hat das mit lieb zu tun?

Ich meinte doch das eben. Es war nämlich wirklich schon.

Du lüsternes Stück, du!

-

Isabella!

„Hast ja ein paar prächtige Stücke unter deinen Fittichen", raunte er ihr zu. „Die Kleine ist dir wohl nicht genug, was?"
Sie erstarrte. Wusste nicht, was sie sagen oder tun sollte. Während er weiter an der Blonden herumknetete, zischte er: „Mich dünkt, die geilen Stücke hier haben aber Sehnsucht nach was anderem. Die wollen mal wieder richtig nach Strich und Faden durchgefickt werden!"
Sie stellte den Wein ab und kniete sich, von einem unbewussten Impuls gesteuert, vor ihm nieder.
„Bitte, Meister. Bedenken Sie, dass wir hier in der Schule sind. Alle wollen sich hier nur perfektionieren für ihre Gebieter und Herrinnen!"
Ihr fiel nichts anderes ein.
„Erzähl keine Selbstverständlichkeiten. Dazu bin ich ja hier, um genau das zu überprüfen. Also los! Fixier die drei da drüben, zuerst mal im Knien. Ich werde mich derweil ein wenig um die Kleine kümmern. Habe entdeckt, dass ihr da nebenan ja ein ganz prachtvolles Instrument installiert habt. Ihre Fotze wird sich sicher nach Kühlung sehnen!"
Er hatte also die Stange entdeckt. Ihr wurde ganz mulmig.
„Worauf wartest du?", herrschte er sie an und stieß die Blonde zu den beiden anderen Sklavinnen hinüber, die am Boden kauerten. Langsam erhob er sich. Sie war sich eigentlich ziemlich sicher, dass er sie selbst, um den Schein zu wahren, nicht anrühren würde. Aber der Gedanke, dass er Unberechenbares tun könnte, blieb

dennoch da. Und dieser Gedanke lähmte sie eher, als dass er sie zu aktivem Handeln trieb. Ratlosigkeit machte sich in ihr breit und sie begann, rein mechanisch seinen Befehlen zu folgen.

Während er sich an der Rothaarigen zu schaffen machte, orderte sie die Sklavinnen in die auf die Kniepositionen eingestellten Fixierapparate. Die Halterungen, die dazu dienten, die nach hinten hochgedrückten Unterschenkel zu fixieren, verschraubte sie besonders fest. In ihr keimte die Hoffnung, dass es ihn davon abhalten oder es zumindest verzögern könnte, dass er die Sklavinnen vaginal benutzen würde.
Aus den Augenwinkeln konnte sie beobachten, wie der Folterknecht sich die Rothaarige, die er inzwischen losgebunden hatte, wie einen Sack über die Schulter warf und in das angrenzende Nebengewölbe trug, in dem sich die Stange befand. Die Rothaarige musste völlig erschöpft sein. Da war kein noch so geringes Maß an Gegenwehr mehr erkennbar und wohl auch im Weiteren nicht zu erwarten. Und nun war sie – mit dem Verschwinden aus ihrem Gesichtsfeld – ganz auf sich allein gestellt. Ihre Sorgen ließen sie erzittern, aber sie funktionierte wie eine programmierte Maschine.
Als sie die Köpfe der Sklavinnen in den dafür vorgesehenen Halterungen arretiert hatte, streichelte sie ihnen allen zärtlich und mit dem Anliegen, sie zu beruhigen, über die Wangen. Die Wahrnehmung des Stöhnens der Rothaarigen von nebenan machte sie darauf aufmerksam, dass sie soeben eine Art Ersatzhandlung vorgenommen hatte. Beruhigen musste sie nur sich selber und die Streicheleinheit hatte ihrer Liebsten gegolten.

Dieser kurze Gedanke der Selbstreflexion ließ sie wieder ein wenig zu sich kommen. Sie musste unbedingt Stärke zeigen und aktiv das Geschehen beeinflussen. Während sie den Sklavinnen die Handgelenke im Rücken fixierte, indem sie die Ringe ihrer Armbänder zusammenhakte, beschloss sie, hinüberzulaufen und um ihre Kleine zu kämpfen. Schließlich konnte er nicht gleichzeitig in zwei Räumen sein. Sie wusste noch nicht, wie. Aber sie wusste, dass es die einzige Möglichkeit war.

Als sie sich aufrichtete, zuckte sie vor Schreck zusammen. Drohend war er über ihr und hatte sie schon gepackt, ehe sie noch irgendwie reagieren konnte.

2-6

Liebe Teresa!

Da es nun gar nicht mehr lange dauert, bis der nächste Schulungskurs beginnt, will ich mich disziplinieren und mich auf die Schilderung des Geschehens in der Schule beschränken. Die Aufgaben, die ich der Kleinen auferlege, löst sie meist mit Bravour, so dass ich mir Details jetzt erspare. (Hat denn, nebenbei gefragt, dein Gebieter die Anregung der 'Aufgaben' aufgenommen?)

In Kürze will ich nur erwähnen, dass die 'delikate' Aufgabe, die ich in meinem letzten Brief erwähnte, darin bestand, ihre Kollegin für die Gemeinschaft zu gewinnen. Was soll ich sagen? Schon am Abend darauf war sie hier bei uns! Meine Vermutung, dass hier ein Herrinnentalent im Verborgenen schlummerte, stimmte übrigens. Es war daher folgerichtig, dass sie am Ende des Besuches meine Kleine ein wenig peitschen und sich von ihr lecken lassen durfte, findest du nicht? Es war alles gegenseitiges Einvernehmen!

Bei der 'Stange' waren wir stehen geblieben. (Eine schöne Übergangsformulierung, finde ich!) Wir standen schließlich nach Beendigung des Frühstücks alle gemeinsam im 'Stangengewölbe' und betrachteten die Bemühungen der verweichlichten Gebieter-Novizin, sich in der Drehbewegung zu halten. Ich fragte mich, ob sie das wirklich die ganze Zeit über getan hatte, denn als wir hineingekommen waren, sah es wirklich so aus, als hätte sie fortgesetzt geübt und nicht etwa in folge unseres Erscheinens wieder begonnen. Genau weiß ich es natürlich nicht, aber es mag durchaus sein: das Maß der Devotheit mancher Personen ist immer wieder erstaunlich!

Ich war noch nicht ganz sicher, wie ich fortfahren würde und ließ daher eine Weile der Betrachtung verstreichen. Es ging mir natürlich auch darum, dass die anderen einen Eindruck bekommen sollten, was möglicherweise auch auf sie zukäme. Es ist doch immer wieder interessant und spannend, wie sich dann Ideen aus dem aktuellen Geschehen entwickeln!

Eine der Schülerinnen, die Herrinnen-Novizin, war versehentlich an den Schalter an der Wand geraten, mithilfe dessen der Vibrator in der Stange aktiviert wird. Zufall? Es gibt keine Zufälle! Ich ließ sie vortreten und befahl ihr, ohne auf ihren 'Fauxpas' einzugehen, sich vor die Delinquentin, welche in ihrer Drehbewegung einhalten musste, hinzuknien.

„Leck sie!", sagte ich nur kurz und drehte allmählich den Regler unterhalb des Schalters für den Stangenvibrator höher. Die Herrinnen-Novizin ließ sich nicht lange bitten. Sie verstand ihr Handwerk gut – ich meine ihr Mundwerk! Die geknebelte Delinquentin zitterte am ganzen Körper. Im Licht des Scheinwerfers, der sie in den Mittelpunkt rückte, waren die Schweißperlen zu sehen, die sich auf ihrer Stirn und zwischen ihren Brüsten gebildet hatten. Sie kam in Kürze.

Ich konnte daher, ohne dass es einer weiteren Erklärung bedurft hätte, schon an dieser Stelle eine Übung integrieren, die ich ohnehin vorgesehen hatte: die Schülerinnen sollten alle im Laufe der Zeit auch das richtige Züchtigen üben – übrigens etwas, dass ich auf Wunsch einiger Gebieter auf den Lehrplan gesetzt hatte. Dahinter stand wohl das Ansinnen, die Sklavinnen sollten darin ausgebildet sein, da es schließlich vorkommen könne, dass ihre Sklavin die Auspeitschung einer Zweitsklavin vornehmen müsste.

Ich befahl also der Herrinnen-Novizin aufzustehen, drückte ihr die Riemenpeitsche in die Hand und sagte nur kurz: „Bestrafe sie. Niemand hat dem lüsternen Stück erlaubt, schon wieder zu kommen!"

Erstaunen im Blick der Herrinnen-Novizin. Damit hatte sie nicht gerechnet – und die anderen auch nicht. Flüsterndes Gemurmel in der Runde.

„Na los! Gibt's ein Problem? Du kannst es dir aussuchen. Auf die Titten, auf den Bauch, auf die Schenkel, aber dann bitte auch ganz gezielt auf die Muschi, die sie nicht unter Kontrolle hat!"

Die Herrinnen-Novizin zögerte immer noch. Traute sich nicht. In diesem Moment kam die Rothaarige dazu, die bis dato noch Hausarbeiten erledigt hatte. Sie hatte schon ihr Dienstmädchenoutfit gegen das Assistentinnenoutfit getauscht, das ich ihr für die Schulungskurse ausgesucht hatte und das sie schon tags zuvor zum ersten Mal getragen hatte: ein kurzes, schwarzes Lederfaltenröckchen, kombiniert mit schwarzen Stiefeln und einem knappen, vorn mit einem Reißverschluss zu öffnenden, ebenfalls schwarzen Lederbustier. Den einzigen Farbtupfer bildete ihr schönes, schulterlanges rotes Haar.

Sie trug ihre Uniform mit Stolz und zögerte keinen Moment, als ich ihr befahl: „Mach es ihr vor!"

Sie nahm der Herrinnen-Novizin die Peitsche ab und ließ sie als erstes über die Titten der Delinquentin zischen. Von rechts, dann von links und weiter, hin und her. Ich unterbrach sie, als der Delinquentin geknebelte Stöhnlaute stärker wurden.

„Und weiter. Herunter. Wie du es gelernt hast. Und wie alle es hier erlernen werden. Es handelt sich um eine Demonstration."

Die Rothaarige gehorchte und platzierte die nächsten Hiebe auf den Bauch. Von rechts, von links, von rechts, von links. Dann die Schenkel. Die weichen Lederriemen der Peitsche hinterließen allmählich leichte Rötungsspuren. Die Züchtigung der Möse erfolgte von oben nach unten. Die Delinquentin jaulte abgedämpft.

Auf meinen Wink hin reichte die Rothaarige die Peitsche erneut der Herrinnen-Novizin. Ohne dass es eines weiteren Befehls bedurft hätte, führte diese - immer noch zögerlich, aber schließlich doch ganz ernsthaft – das Züchtigungsinstrument entsprechend des von der Rothaarigen vorgemachten Musters. Die Schläge waren nicht mal ohne und so unterbrach ich die Demonstration fürs Erste, als die Herrinnen-Novizin fertig war. Ich wollte der Delinquentin etwas Ruhe gönnen und nun zunächst die Schülerinnen auf die anderen Gerätschaften verteilen. Denn zu Beginn des Tages sollte ja das praktische Üben für alle im Mittelpunkt stehen. Ich nahm mir vor, jede einzeln von dort, wo sie gerade beschäftigt war, abzurufen, um das Züchtigen zu üben und es zugleich mit ein paar Leckübungen zu verbinden.

'So, ihr Süßen. Weiter geht's. Ihr kommt alle der Reihe nach dran,' sagte ich dann wohl so oder ähnlich laut zu ihnen. 'Ihr seid ja nicht zum Herumstehen hier!'

An die Rothaarige gewandt fügte ich dann noch mit dem Hinweis auf die voran schreitende Zeit den Befehl hinzu, dass sie die Schülerinnen nun an die Geräte führen solle. Ich wollte dort weiter machen.

Eine der Gebieter-Sklavinnen behielt ich dort. Sie sollte als Nächste an die Reihe kommen. Als die Rothaarige mit den drei anderen ins Hauptgewölbe hinübergegangen war, befahl ich der schüchternen und engelsgleich blond gelockten Gebieter-Sklavin, sich hinzuknien und dem Vorbild zu folgen, das sie soeben erhalten hatte.
Irgendwie hatte ich erwartet, dass es dabei gerade mit dieser Schülerin zu Problemen kommen würde – warum auch immer. Trotzdem war meine Wahl, dass sie als Nächste an die Reihe käme, eher unbewusst erfolgt. Die Engelsgleiche hatte sich zwar gleich mit zu Boden gerichtetem Kopf hingekniet, aber sie zögerte. Es war offensichtlich, dass sie das nicht wollte. Genau da hakte ich ungefähr so ein: 'Kindchen, es geht nicht darum, was du willst oder magst. Es geht darum, was du lernen sollst. Ich bestimme, was du zu tun hast und was nicht. Für die Zeit, die du hier verbringst, bin ich dein Gebieter. Ich handele an seiner Stelle, bedenke das! Also los, zier dich nicht so, oder muss ich die Peitsche bemühen?'
Naja, manche brauchen halt deutliche Worte – trotz aller Devotheit. Gehört irgendwie dazu. Kennst du doch, oder?
Langsam beugte sich die Engelsgleiche nun vor, ergriff mit ihren Händen die Hüften der Delinquentin und näherte sich ihrem Schoß. Dass sie so etwas offenbar noch nie gemacht hatte, veranlasste mich dazu, den Ablauf erneut zu verändern. Ihre Lippen waren zwar schon an ihrem Bestimmungsort, aber weiter tat sich nichts. Jetzt die Peitsche einzusetzen würde keine großen Wirkun-

gen erzeugen, dachte ich mir – außer vielleicht bei der Delinquentin. Hier war zunächst Selbsterfahrung angesagt. Ich griff ins dichte blond gelockte Haar der Engelsgleichen, zerrte sie hoch und sagte: 'Ich seh schon, das hat ja gar keinen Zweck. Also los, zieh dein Kleid aus. Ihr tauscht!'

Sie schien nicht gleich zu verstehen, aber während ich die verwöhnte Gebieter-Novizin aus ihrer Zwangslage befreite, wurde ihr allmählich klar, was ich meinte. Wie in einem Reflex hielt sie schützend die Hände vor ihre Möse. Ich ignorierte es und fügte nur an, während ich die Fußfesseln der Delinquentin löste: 'Und bilde dir nicht ein, dass du um die Peitsche herumkommst. Deine Unartigkeit wird selbstverständlich geahndet! Das wird dieses lüsterne Stück hier gleich übernehmen!'
Um meine Worte zu bekräftigen, habe ich die Delinquentin, die ich schon aus der Stangenfixierung befreit hatte, ein wenig nach hinten gestoßen, so dass die Ketten der Armfesseln rasselten. Bei dem Geräusch weiteten sich die Augen der Engelsgleichen angstvoll. Das machte mich schon etwas nachdenklich.

Während ich noch darüber nachdachte, ob meine Entscheidung richtig war (ein wenig war sie von der Empfindung geleitet worden, dass die verwöhnte Gebieter-Novizin mich nach dem Frühstück durchaus brauchbar geleckt hatte, was ich – nebenbei bemerkt – nicht erwartet hatte), kam die Rothaarige hinzu und flüsterte mir ins Ohr, dass sie Probleme mit der Herrinnen-Novizin hätte. Ich wusste, ohne dass sie viel erklären musste, worum es ging, und trug ihr daher auf, dort zu bleiben und den begonnenen Wechsel der Delinquentinnen zu vollziehen. Die andere Angelegenheit war dringend und erforderte mein Eingreifen. Ich küsste meine Kleine, griff unter ihr Röckchen, um ihre Klit ein wenig zu kneten und sagte: 'Du machst deine Sache gut. Pass auf, dass sie ordentlich gepeitscht wird – auch wenn sie nicht kommt. Sie war unartig. Und der hier – dabei zog ich die verwöhnte Gebieter-Novizin an den Nippeln heran – darfst du ruhig auch noch ein paar verpassen, während sie züngelt!'

Dann verließ ich das Stangengewölbe und schob die Gedanken, die ich mir über die Engelsgleiche gemacht hatte, beiseite. Im Hauptgewölbe waren die beiden anderen Gebieter-Sklavinnen ordnungsgemäß in ihren Fixiergestellen arretiert, aber noch ohne die einzige in ihrer Position mögliche Aktivität. Soweit war die Rothaarige noch nicht gekommen. Aber das hatte auch Zeit. Ich durchschritt also, ohne große Notiz von den beiden zu nehmen das Hauptgewölbe und betrat den 'Maschinenraum'. (Naja, du kannst dir schon denken, worum es sich dabei handelt. Hat sich so eingeschlichen, der Begriff. Obwohl es, ich gebe es zu, etwas übertrieben klingt!)
Die Herrinnen-Novizin war also aufmüpfig. Ausgerechnet sie! Ich beschloss, es zunächst auf die sanfte Tour anzugehen. Da ich ihre Herrin gut kenne, wusste ich, dass die beiden, na sagen wir, eine durchaus emanzipierte Partnerschaft führen. Ich musste also ihre Einwände ernst nehmen und schließlich doch das Prinzip der Disziplinierung obsiegen lassen – allein schon, um keinen allgemeinen Autoritätsverlust zu erleiden. Außerdem war die Vereinbarung eine ganz klare: das Training der Novizinnen, welcher Provenienz auch immer,

sollte dem Ziel dienen, die Aufnahmeprüfung zu bestehen, um beim nächsten Gemeinschaftsevent in den Kreis der Sklavinnen aufgenommen zu werden. Und dazu gehört es nun einmal, dass alle in der Gemeinschaft gepflegten Praktiken und Techniken geschult werden.

Die Rothaarige hatte schon die Vorarbeit für das in diesem Raum erfolgende Procedere geleistet: die Herrinnen-Novizin hockte auf allen Vieren auf der in der Mitte des Raumes ausgebreiteten Matte und war an Händen und Füßen mittels der am Boden befestigten Arm- und Fußgelenksfesseln fixiert. Ich baute mich gemächlich vor sie auf, griff nach ihrem Kinn und zog ihren Kopf hoch. Ich wartete, bis sie meinen Blick erwiderte und säuselte ganz sachte: 'Nun, mein Schätzchen, was gibt es denn hier für Probleme?'

Sie schluckte ein wenig und brachte dann aber doch recht forsch ihren Einwand vor: 'Ich will mich nicht penetrieren lassen. Meine Herrin sagt, ich muss das auch nicht. Es ist ein Relikt der patriarchalen Unterwerfung der Frau. Das Zeitalter des Phallus ist vorbei.'
Ich weiß gar nicht, ob sie ihren Wortschwall noch weiter ausdehnte. Ich unterbrach sie dann und sagte: 'Schätzchen, stopp! Du brauchst hier keine Wahlkampfrede für irgendeine nicht existierende Emanzenpartei halten. Deine Herrin und ich kennen uns sehr gut und haben ähnliche Ziele. Aber wir sind beide – und das mit Bewusstheit – in der Gemeinschaft. Und da möchtest du auch hinein. Oder hat sich daran etwas geändert?'
Ich ließ sie los. Sie senkte den Kopf und schüttelte ihn leicht. Ich weiß nicht mehr genau, was ich dann sagte,

aber ich denke in etwa folgendes: 'Du weißt, dass du es jeder Zeit artikulieren kannst, wenn sich daran etwas ändert. Alles beruht auf dem Prinzip der Freiwilligkeit.'
Eine Weile hab ich sicher die Wirkung meiner Worte abgewartet, bevor ich sie fragte: 'Bist du freiwillig hier?'
Zögerlich kam ein langsames Nicken.
'Sprich es aus!'
'Ja, ich bin freiwillig hier.'
'Na also', entgegnete ich. 'Dann können wir wohl fortfahren?! Deine Herrin hat dich hierher gebracht, damit du als Sklavin in die Gemeinschaft aufgenommen wirst. Ihre bist du schon! Sie ist mit allem einverstanden, was hier geschieht! Und hier wird doch beileibe keiner Fliege ein Haar gekrümmt.'
Während dich redete (ich finde das irgendwie authentischer, wenn ich versuche, dir das alles in der wörtlichen Rede wiederzugeben, auch wenn es vielleicht ein ganz klein bisschen anders war), hatte ich schon die Penetriermaschine an ihre Muschi herangeführt.
'Bei allem geht es doch letzlich nur um Lustgewinn. Darum ist das ja auch die oberste Maxime unserer Gemeinschaft. Also genieße es doch einfach!'

So etwas in der Art habe ich dann wohl noch ergänzt und dabei ihre Muschi in meinen berühmten Zangengriff genommen (ach, weißt du noch...?). Der in ihr dadurch ausgelösten Empfindung ließ ich ein wenig Zeit. Ich spürte, wie sie versuchte, es zu verbergen, aber ich war mir sicher, dass ich ihr Lustzentrum sofort getroffen hatte. (Du wirst ganz sachlich zugeben, mein Schatz, dass ich darin unerreicht bin....)

Allmählich zog ich dabei den Vibri der Maschine heran und führte ihn ihr ein, während meine Hand sie noch verwöhnte. Ich spürte ihr Zucken, und ich merkte, wie sie nachgab. Langsam entfernte ich meine Hand, ging nach vorne und schob den bereit stehenden Mundphallus heran. Ich ergriff ihren Kopf – ganz behutsam – an den Haaren und ließ den Knebel in ihren Mund gleiten. Ihr Widerstand war gebrochen. Nacheinander stellte ich dann zuerst die hintere und dann die vordere Maschine an und sagte, während ich ihr zärtlich über den Rücken streichelte: 'Meine Assistentin wird gleich kommen und dich peitschen. Dir ist sicher klar, dass deine Unartigkeit bestraft gehört!'
Dann überließ ich sie dem Werk der Maschine.

Hab ich das nicht fein gemacht, mein Schatz? Wie ich dich kenne, wird es dich nicht unerregt lassen.... Nebenbei bemerkt finde ich, wenn ich da noch mal drüber lese, dass ich das auch fein formuliert habe. Irgendwie überkam es mich. Könnt ihr ruhig so übernehmen....
Aber verzeih, ich wollte die Ebene der sachlichen Darstellung eigentlich nicht verlassen.

Im Hauptgewölbe harrten die beiden Sklavinnen in den Fixiergestellen aus. Eigentlich sollte sie ja meine Kleine ihrer Beschäftigung zuführen, aber ich hörte anhand der Geräusche aus dem Stangengewölbe, dass sie dort noch aufgehalten wurde. Ich musste es also selber erledigen.
Bevor ich dir das erzähle, bedarf es aber einiger Worte der Erläuterung zu den Fixiergestellen. Wie der Name schon sagt, geht es zunächst ausschließlich darum, die Sklavinnen zu fixieren, so dass sie lernen, in unge-

schützter, ausgelieferter und unentrinnbarer Lage ganz hingebungsvoll zu sein. Dazu bietet die variierbare Rohrkonstruktion der Gestelle mannigfaltige Möglichkeiten, die ich hier nicht im Einzelnen beschreiben will. Stell dir einfach ein Baukastensystem vor, dessen Elemente (da gibt es Metallrohre, Gelenke, Schienen, Verstrebungen usw. usw.) es erlauben, die unterschiedlichsten Konstruktionen herzurichten. Damit lassen sich die Sklavinnen in allen erdenklichen Positionen fixieren: sitzend, stehend, liegend, kniend, vornüber gebeugt, rücklings mit dem Kopf nach unten usw. Der Phantasie sind keine Grenzen gesetzt. Grenzen gesetzt werden hier lediglich den fixierten Personen....
Aber keine Angst, es gibt natürlich einen Notfallmechanismus, aber den verrate ich dir hier nicht. Schließlich hege ich ja die Hoffnung, dass dein geliebter Gebieter dich doch noch mal zu mir in die Schule schickt. Für den Fall weißt du ohnehin schon viel zu viel....
Aber nun gut. Du bist ja auch etwas ganz Besonderes!

Wie schon gesagt, waren die beiden Sklavinnen schon fertig fixiert, das heißt, sie knieten mit gespreizten Schenkeln aufrecht in den entsprechend hergerichteten Gestellen. Das stabilisierende Hauptrohr im Rücken der Fixierten ist zugleich Träger der Kopfhalterung, einer kleinen Querstange für die Handgelenksfixierung und eines durch den Schritt nach vorn führenden Rohres, das seinerseits natürlich mit dem Untergestell verbunden ist, in dem – wie gesagt – in der knienden Grundhaltung Ober- und Unterschenkel zusammengepresst arretiert sind. Du kannst dir sicherlich vorstellen, dass auf besagtem Rohr das Muschilein nicht einfach nur aufliegt, sondern dass ein genau dort eingearbeiteter

Dildo für weitere Fixierung sorgt. Hört sich alles schlimmer an, als es ist. Und denk daran, dass es – wie erwähnt – eine Notfallmechanismus gibt.

Ich verpasste den beiden zusätzlich zunächst ein paar ordentliche Nippelklemmen und kündigte ihnen dabei an, dass sie nunmehr eine ganz besondere Art von 'Knebel' bekämen. Auch das muss ich kurz erläutern, denn dabei handelt es sich wirklich um ein paar schöne Spielzeuge. Etwas Ähnliches gab es auch in Jeans Romanen, aber diese hier sind noch viel genialer. In dem Dildo ist ein Sensor eingebaut, der die Lutsch- beziehungsweise Saugbewegungen des Mundes registriert. Er löst einen Alarmton aus, sobald die Bewegungen des Mundes nachlassen oder aufhören. Man kann sowohl die Empfindlichkeit dafür einstellen wie auch eine Zeitvorgabe machen. Das heißt, wenn eine bestimmte Zeit lang keine oder eine zu schwache Bewegung der Mundmuskulatur registriert wird, dann piept es halt. Ich bin ganz sicher, dass deine Phantasie ausreicht, um dir auszumalen, wozu. Und wenn nicht, komm her und lass dich überraschen. Es ist gar köstlich....

Als ich die beiden entsprechend versorgt hatte (die Lutschdildos werden übrigens, das vergaß ich zu erläutern, an einem Querrohr der Kopfarretierung, das unmittelbar vor der Stirn verläuft, mittels einer beweglichen Aufhängung befestigt), verband ich ihnen noch die Augen und verließ sie mit den Worten: 'Damit ihr euch ganz auf das Wesentliche konzentrieren könnt! Meine Assistentin wird später zu euch kommen und euren Übungsfortschritt überwachen.'

Im Stangengewölbe überwachte meine Kleine gerade die Auspeitschung der Engelsgleichen durch die verwöhnte Gebieter-Novizin. Sie flüsterte mir zu, dass die Engelsgleiche gekommen sei und sie daher beschlossen habe, die Züchtigung über die Bestrafung für das unartige Verhalten hinaus auszudehnen. Ist sie nicht klasse, meine Kleine? Sie wächst mit ihren Aufgaben! Selbstverständlich habe ich sie dafür belohnt, während die Engelsgleiche noch unter den Peitschenhieben zuckte....

Du, für heute mache ich mal langsam Schluss. Es ist spät geworden und ich bin müde. Die Kleine schläft schon. Will nur noch kurz erwähnen, dass wir zwischenzeitlich Besuch hatten. Es fällt mir gerade nur bei meiner Schilderung ein, weil ich meiner Kleinen zum ersten Mal gestattet habe, das Assistentinnenoutfit außerhalb der Schule anzuziehen. Aber auch wegen etwas anderem war dieser Besuch bemerkenswert. Zum ersten Mal war ein Paar da, das eine gemeinsame Sklavin mitbrachte, die sie für die Schule anmelden wollten.
Eine interessante Konstellation ist das. Ich blicke bloß noch nicht ganz durch, wie die Rollen verteilt sind. Irgendwie musste ich an Jean und dich und an Isabella denken. Aber ich gebe ja zu, dass da schon ein gewisses Maß an Projektion dabei ist, die möglicherweise daher rührt, dass sich einmal für eine ganz kurze Zeit etwas Ähnliches zwischen dir, Jean und mit anzubahnen schien.... Nun ja, ich schweife wieder ab.
Die Kleine hat also heute ihr Assistentinnenoutfit getragen und es zum ersten Mal übernommen, die Prinzipien und Methoden der Schule allein vorzustellen. Das schwarze Leder verleiht ihr etwas Dominantes, doch das kurze Faltenröckchen verweist zugleich auf ihre eigene Rolle und ermöglicht einige diesbezügliche demonstrative Hinweise.

Die Sklavin des Paares ist übrigens auch eine ganz Süße. Typ kurzer, quirliger Lockenschopf mit aufgeweckten, grünlich leuchtenden Augen. Eigentlich kein Hauch von Unterwürfigkeit. Aber das soll sie ja wohl noch lernen.... Befehle bekam sie übrigens nur von ihrer Herrin, einer sehr schlanken, streng drein blickenden Blondine. Der Gebieter, ein elegant gekleideter, junger Mann mit pechschwarzem, kurzem Haar hielt sich auffallend zurück.

Ich sage bewusst nicht 'ihr' Gebieter, weil ich mir dessen nicht sicher bin. Wer da das 'Sagen' hat, ist mir nicht so ganz klar geworden. Aber sie kommen ja demnächst noch einmal. Da werde ich es schon herausfinden. Die Herrin ist jedenfalls recht dominant. Aber so soll es ja auch sein.
Als die Quirlige sich dem ersten Befehl ihrer Herrin widersetzte und sich zunächst weigerte, ihren langen, schwarzen Mantel abzulegen, griff meine Liebste gleich aktiv ins Geschehen ein und bot der Herrin an, sie dafür unmittelbar die Peitsche spüren zu lassen. Der Grund für die anfängliche Befehlsverweigerung der Quirligen stellte sich dann alsbald heraus. Sie war nämlich gänzlich nackt unter dem Mantel. Die schwarzen Stiefel und die schwarzen, selbsthaltenden Strümpfe, die sie trug, betonten diese Nacktheit nur noch.
Ich schlug vor, die demonstrative Bestrafung damit zu verbinden, dass sich dabei einer der beiden Herrschaften von ihr bedienen lassen sollte. Natürlich trieb mich dabei der Hintergedanke, ein wenig mehr über das Verhältnis der beiden zu erfahren. Aber wie schon angedeutet, blieb das etwas im Verborgenen. Zwar kniete sie vor beiden, aber schließlich sucierte sie nicht ihn son-

dern sie, während er sich darauf beschränkte, zärtlich den braunen Lockenschopf der Quirligen zu kraulen, die infolge der Züchtigung durch die Rothaarige zu zucken begann. Gleichzeitig küsste er die Herrin, deren Nacken er mit der anderen Hand hielt, lang und intensiv auf den Mund. Merkwürdig oder? Vielleicht bin ich ja manchmal zu hypersensibel mit meinen Ahnungen, und es hatte lediglich zu bedeuten, dass 'sie' halt an der Reihe war. Oder dass er ganz einfach nicht mehr konnte, da er leer gepumpt war. Aber vielleicht handelt es sich auch noch um eine ganz andere Beziehungsstruktur. Der innige Kuss hat mich jedoch wieder von dem Gedanken weggeführt, dass er möglicherweise ihr Sklave war. Das passt doch nicht, oder? Aber man weiß ja nie. Es gibt ja die merkwürdigsten Dinge. Sie mit einem 'Sklavenpärchen'...?

Ich höre dich intervenieren, dass ich schon wieder projiziere. Ist ja schon gut. Es macht das Leben interessanter. Und außerdem: dein Liebster.... Aber lassen wir das. Nun ist wirklich Schluss für heute. Mitternacht ist längst vorbei. Ich melde mich wieder. Weiß aber noch nicht, ob ich das vor dem nächsten Schulbeginn noch einmal schaffe. Wer weiß, vielleicht treffen wir uns ja auch dort, wenn du noch in der Gegend bist. Sag einfach Bescheid. Meine Handynummer hast du ja wohl noch. Könntest dir mal alles ganz unverbindlich ansehen. Oder traust du dich nicht in die Höhle der Löwin...?

Einstweilen liebe Grüße

E.

3-6

Sie ließ sich Zeit, die Villa wieder in Besitz zu nehmen – und er ließ ihr Zeit, sich Zeit zu nehmen. Sie taten beide ihr Möglichstes und so war das Notwendigste recht schnell erledigt. Zwischendurch sponnen sie Pläne und immer, wenn sie sich bei ihrem Tun irgendwo in dem weitläufigen Gebäude begegneten, tauschten sie Zärtlichkeiten aus – solche des Spiels und solche des Ernstes. Als sie gemeinsam eines der Gästezimmer in der oberen Etage für Isabella herrichteten, verdichteten sich die Zärtlichkeiten des Ernstes. Sie war bei ihrem Ritt schon zweimal gekommen und spürte, dass er sich auch bald entladen würde. Durch den Vorhang, den ihre Verschmelzung um sie herum aufblähte, war plötzlich wie aus ganz weiter Ferne das Läuten der Haustürglocke zu vernehmen. Der Vorhang lüftete sich für sie, aber sie sorgte dafür, dass seine schützende Zärtlichkeit erhalten blieb, bis auch er gekommen war. Erst dann und dann gemeinsam schoben sie den Vorhang der Unaufschiebbarkeit des Ernstes gemeinsam beiseite.
„Oje! Ob das schon Isabella ist?" Ein Abschiedskuss noch, dann löste sie sich langsam und bat ihn nachzuschauen, da sie noch ins Bad müsse – angesichts der Überschwemmung in ihr.
„Kein Stress", gab er zurück. „Sie wird uns verzeihen, wenn sie es denn wirklich schon ist!"

Als sie das im Gästetrakt gelegene, im Art-Deco-Stil eingerichtete Badezimmer verließ und die Diele entlang schritt, welche in die Empore mündete, die über dem ihr selbst immer wieder etwas überdimensional erschei-

nenden Eingangsfoyer der Villa schwebte, hörte sie eine ihr sehr bekannt vorkommende Vielfalt von Stimmen. Sie beschleunigte ganz automatisch ihren Schritt und als sie das Geländer der Empore erreicht hatte und nach unten schaute, konnte sie nicht verhindern, dass ihr ein kleiner Aufschrei der Überraschung entwich. Unwillkürlich blieb sie stehen, stützte sich auf das Geländer und blickte herunter zu den Freunden.
„Halt, bleib so!", rief Jean ihr zu. „Das Licht ist göttlich." Ehe sie sich's versah, hatte er seine alte Spiegelreflex auf sie gerichtet und abgedrückt.
In der Tat war es jedes Mal eine Augenweide, wenn das Nachmittagslicht der Sonne durch die bunte Glasfassade ins Foyer fiel. Es hatte etwas Melancholisches. Zu dieser Tageszeit war es ihr schon immer schwer gefallen, das Haus zu verlassen. Es leuchtete dann wie Abschied für länger – und beim letzten Mal war es auch so gewesen.
Nun war sie in dieses Licht gehüllt und natürlich hielt sie auch noch für ein paar weitere Knipser inne, obwohl sie vor Neugier platzte, wieso denn Isabella mit Jean und Teresa zusammen erschienen war. Aber endlich lief sie die weit geschwungene, frei tragende Treppe ins Foyer herunter – zur Begrüßungszeremonie mit den Freunden. Isabella hatte sie damals auf Schloss B. nur ganz kurz kennengelernt und seitdem nicht mehr wieder gesehen, aber Teresas Erzählungen hatten eine Vertrautheit erzeugt, welche sie auch sie ganz herzlich in die Arme nehmen ließ.

Erst dann – und fast hätte sie es wirklich vergessen - folgte das kleine Sonderritual: ihr Knicks vor Jean. Das war im Laufe der Zeit genauso selbstverständlich geworden wie die Angewohnheit, keine Fragen zu stellen. Auch wenn es ihr, wie jetzt, manchmal schwer fiel, hatte sie die Erfahrung gemacht, dass es ihr damit sehr gut ging. Sie hatte immer alles erfahren, was sie wissen wollte. Der Knicks bei der Begrüßung war halt Spiel – ein Spiel, das sie überwiegend genoss und ein Spiel, das sie jetzt selbst in Gang gebracht hatte, was sie sehr beruhigend fand.

Offenbar war die Überraschung aller über das – zu diesem Zeitpunkt – unverhoffte Wiedersehen so groß wie ihr eigenes, so dass es in ihrer Abwesenheit noch keine Spielebene gegeben hatte. Vielleicht hatten die Freunde unbewusst auf sie gewartet – oder bewusst?

Jean nahm den Spielball auf: „Wenigstens eine, die weiß, was sich gehört!"

Erst jetzt fiel ihr auf, das Teresa und Isabella fast zwillingshaft gekleidet waren. Die Verwunderung darüber brachte ihre Neugier fast zum Überkochen. Jeans Vorliebe für diese weit schwingenden Vintage-Plisseeröcke aus den 80ern kannte sie ja und dass Teresa so etwas häufig trug, war ja ein gewohntes – und auch passendes – Bild. Dass aber Isabella nun den gleichen rotbraunen, fast wadenlangen Plisseerock trug, verwirrte sie. Auch der taillierte schwarze Blazer ähnelte dem von Teresa. Nur in zwei Dingen unterschied sich ihr Outfit: in der Farbe der Schuhe und in der der Strümpfe. Die schlichten, schwarzen Schuhe und die hautfarbenen Strümpfe Isabellas gefielen ihr dabei persönlich besser als die roten Lackpumps und schwarzen Strümpfe Teresas. Ein bisschen übertrieben, dieses Rot-Schwarz-Rot, fand sie – zumal Teresa auch noch ihrem roten Hut aufhatte. Den nahm sie aber nunmehr ab und warf ihn auf einen der breiten Lederhocker, der zur Sitzgruppe gehörte, die inmitten des Foyers stand.

Dann erfolgte der obligatorische Knicks, zu dem sie mit beiden Händen den plissierten Stoff des Rockes ergriff, ihn ein wenig hochzog, dabei leicht in die Knie ging und den Kopf sittsam senkte.

Es war schon eine Weile her, da hatte sie Teresa das beibringen müssen, ging ihr in diesem Moment durch den Kopf – vielleicht, weil sie spürte, dass es Jacques ein wenig peinlich war, dass nun auch Isabella in gleicher Manier, wie eingeprobt, vor ihm knickste. Deuteten all diese synchronen Erscheinungsformen auf etwas hin, das ihr entgangen war? Oder war alles purer Zufall und sie überinterpretierte die Dinge nur? Sicher hätte Teresa ihr doch erzählt, wenn sich etwas im Rollengefüge geändert hätte! Aber vielleicht wusste sie es ja selber nicht und die 'Herren' hatten mal wieder etwas hinter ihrem Rücken arrangiert. Jacques' Mitteilung bezüglich Isabellas Anstellung war ja auch ziemlich überraschend gekommen.

Aber Jacques' Blick beruhigte sie. Nein, da war nichts diesbezügliches. Der Nachhall des zuvor Erlebten war noch darin – der Nachhall ihres kleinen, verborgenen 'Ernstes', in dem der Rest der Welt nicht existierte. Es beruhigte sie nicht nur, es machte sie glücklich. Alles weitere war nebensächlich. Sie würde es erfahren.

Auch dass Jacques ein klein wenig peinlich berührt schien, zeugte vom Nachhall ihres Ernstes. Er war noch nicht so recht im Spiel angekommen. In solchen Momenten war sie sich ihrer Liebe ganz sicher. Also half sie ihm hineinzukommen: „So elegant, wie die Damen das vorexerziert haben, konnte ich das mit meinem kur-

zen Lederrock natürlich nicht. Aber mein Gebieter hat mir erlaubt, ihn zu tragen."
„Und nun erlaubt er dir, nach dem Sekt zu schauen, während er die Gäste auf die Terrasse hinausbegleitet."
Nun war er im Spiel. Auch das ein gutes Gefühl, denn dadurch blieb die Grenze zu ihrer eigenen, gemeinsamen Intimität unangetastet. Sperrbezirk.

In der Küche beschloss sie, das Spiel um eine kleine, weitere Nuance zu vertiefen. Sie legte sich ihr niedliches, weißes Servierschürzchen an – ein Accessoire, dass die beiden Herren gleichermaßen liebten. Dann nahm sie Gläser und Sekt, von dem – Gott sei Dank – noch einige Flaschen im Kühlschrank gelegen hatten, und ging zu den anderen hinaus auf die Terrasse. Was sie dort als Erstes sah, gab ihr dann doch einen kleinen Stich. Jacques stand zwischen Teresa und Isabella und hatte die Arme um beider Schultern gelegt. Sie waren recht eng aneinander geschmiegt. Beide Frauen hatte ihren Kopf an seine Schultern gelegt und hielten mit den Händen die Rocksäume so weit hochgerafft, dass man die Ränder der Strümpfe erblicken konnte.
Jean machte Fotos. Aber er unterbrach sofort, half ihr, die Gläser und die Flasche abzustellen, legte beruhigend eine Hand auf ihre Schulter und sagte: „Keine Angst, mein Schatz. Ich sammle nur Anregungen für meine 'tableaux'. Ist es nicht ein schönes Bild für den Schutz? Der Herr schützt seine Sklavinnen bei all ihrem Tun! So könnte der Titel sein. Nun komm, du bist dran. Stell du dich zwischen Teresa und Isabella."
Jacques küsste sie liebevoll, als er seine Position für sie frei gab. Der Stich war verflogen. Manchmal, so auch jetzt, ärgerte sie sich darüber, dass so etwas in ihr war.

Dem Tribut zollend, wies sie dem nächsten Bild die Richtung, noch bevor Jean etwas sagen konnte. Sie hob schnell beiden Frauen die Röcke, mit der Linken den Isabellas und mit der Rechten den Teresas, richtete sich auf und ließ sich dann von beiden umarmen.
Der Motor der alten Spiegelreflex klackte am laufenden Band.
„Und was war das?" Selten einmal, dass Jean etwas fragte.
„Siehst du doch, drei Sklavinnen unter sich", kam es aus dem Hintergrund. Jacques' Ball an sie, das Spiel einstweilen zu beenden. Sie nahm ihn an.
„Du irrst, mein Schatz! Zwei Sklavinnen, die sich Hilfe suchend an ihr Zimmermädchen klammern, um sich vor den gierigen Blicken ihrer Herren zu schützen."
Lachen. Heiterkeit. Jacques ließ den Korken knallen.

Dann erfuhr sie, dass Isabella eine Autopanne hatte. Ihr Auto hatte es noch gerade bis zum Parkplatz des Ausflugsrestaurants auf die Bergkuppe geschafft. Kurz darauf waren Jean und Teresa vorbeigekommen und hatten sie aufgegabelt. Jean vermutete einen Defekt der Wasserpumpe. Jacques und er würden sich später darum kümmern. Sie erfuhr auch, dass es sich doch nicht um einen reinen Zufall handelte, dass Isabella den gleichen Rock trug wie Teresa. Und sie empfand es als sehr wohltuend, dass sich Jean und Jacques in dem Moment, als Isabella es erläutern wollte, weil sie offenbar ihre diesbezüglich neugierigen Blicke registriert hatte, einstweilen aus der Runde zurückzogen, um sich um Isabellas Auto zu kümmern. Sie spürte, dass auch Teresa so empfand. Ihr auf Jean gerichteter liebender Blick sprach Bände.

Und es sprach auch Bände, dass Jean beim Hinausgehen noch etwas daraufsetzen musste. Zwischen den beiden schien doch noch etwas ungeklärt zu sein, und das hatte mit Isabella zu tun. Die Terrassentür noch in der Hand sagte er mit ein wenig zu ironischem Unterton, von dem sie wusste, das Teresa ihn gar nicht mochte: „Und später dann werden sich die Sklavinnen wieder ihren eigentlichen Aufgaben widmen!"

4-6

Sag mal, gibt's Probleme?

Wie kommst du denn da drauf?

Na, das war ja wohl etwas aufgesetzt. Machen wir doch sonst nicht.

Ach Quatsch, no problems!

Glaub ich nicht, Alter. Du hast sie provoziert!

Wen?

Wen...? Teresa natürlich.

Unsinn! Gib lieber Gas. Der dahinten hängt uns gleich auf der Stoßstange!

Lenk doch nicht ab. Du bist eifersüchtig!

Was? Du spinnst! Worauf soll ich eifersüchtig sein? Pass auf, der will uns überholen.

Soll er doch. Mensch, Alter. Sei ehrlich. Was zwickt dich? Isabella ist doch ganz niedlich.

Niedlich, niedlich! Taucht hier auf, hat die gleichen Klamotten an wie Teresa und mimt devote Ergebenheit!

Du übertreibst. Und wenn schon. Ist doch klasse! Außerdem hat sie es vielleicht nur für dich getan. Denk mal darüber nach.

Für mich? Wie kommst du denn da nun wieder drauf?

Für wen sonst? Ist doch ein klares Signal. Du bist der Bestimmer. Sie ordnet sich deinem Geschmack unter. Vielleicht möchte sie auch ein bisschen wie Teresa sein.

Na, ich weiß nicht.

Du weißt doch sonst immer alles! Mensch, die Weiber mögen sich halt. Lass sie doch. Gönne Isabella doch auch ein kleines Stück vom Kuchen. Teresa liebt dich mit solcher Energie und Ergebenheit – das gibt's ja wohl kaum noch mal. Also lass die beiden doch ruhig ein bisschen am Eis lecken. Ich meine....

Ja, ist ja gut. Nun lass uns mal um die alte Kiste hier kümmern. Ist mit Sicherheit die Wasserpumpe. Vielleicht kriegen wir sie ja bis zur Villa, wenn wir noch mal ordentlich voll machen. Undicht scheint da nichts zu sein.

Ich denke auch. Wenn nicht, schlepp ich dich ab.

Ist das ein Angebot...?

Ey, Alter. So gefällst du mir wieder.

Los, komm. Auf geht's. Die trinken Sekt und kuscheln und wir hängen hier in der Prärie herum. Eis am Stil sollen sie haben! Sonst quatschen die zu viel....

- - - -

Ist er sauer?

Nee, ich glaub nicht. Lass mal, das wird schon wieder.

Ist ja auch ein starkes Stück mit eurem Zwillingsoutfit. Wer hat sich das denn ausgedacht?

Na, ich. Teresa hat nichts damit zu tun. Hat ja auch ganz schön erstaunt geguckt, als sie mich zum ersten Mal so sah, wie ich da neben meinem Auto stand. War so eine Eingebung. Außerdem finde ich es schön. War wohl nicht so doll, die Idee. Wisst ihr was, ich geh mich schnell umziehen, bevor sie wieder zurück sind.

Hier geblieben. Du bleibst so, wie du bist. Jetzt gibt's erst noch mal einen Sekt und dann erklärst du es. Gudrun soll es auch verstehen.

Danke. Prost. Hab halt im Laufe der Zeit mitgekriegt, dass Jean es ganz toll findet, wenn Teresa so was trägt. Und gerade diesen Rock! Als ich vor ein paar Tagen in einer kleine Boutique genau den gleichen sah, überkam es mich. War ganz spontan. Ich dachte, wenn ich das trage, ist er etwas besänftigt, weil ich mich ganz seinen Vorstellungen unterordne. Wollte doch bloß signalisieren, dass ich keine Konkurrenz bin. Schließlich hat er doch recht eifersüchtig reagiert, als ich damals nach den Ereignissen auf Schloss B. für eine Zeit lang bei Teresa eingezogen war und hat sich auch später mir gegenüber noch immer sehr distanziert verhalten. Ich weiß doch, wie ihr euch liebt und ich wollte wirklich nichts kaputt machen. Aber ich hab das wohl alles ziemlich vermasselt, oder?

Es ist, was es ist. Er weiß, dass wir beide uns ins Herz geschlossen hatten, damals. Ich fühlte mich von ihm ja auch für eine lange Weile ganz schön im Stich gelassen.

Was aber auch mit dir selbst zusammenhing!

Ja, Gudrun! Du hast Recht. Müssen wir ja jetzt nicht alles aufwärmen.

Sei nicht eingeschnappt. Fehler machen wir alle.

Bin ich gar nicht! Außerdem, bei Lichte betrachtet, hätte ich allen Grund dazu – und eifersüchtig zu sein obendrein. Isabella kommt hierher, arbeitet demnächst für euch, und alles passiert hinter meinem Rücken! Und dann kleidet sie sich auch noch ganz nach Jeans Wünschen. Sogar die Strümpfe, die du trägst, hätten ihm besser gefallen. Also bitte!

Bist du's denn?

Was?

Na, eifersüchtig.

Nein. Ich liebe Jean – von ganzem Herzen.

Na also! Und ich liebe Jacques von ganzem Herzen. Aber wir spielen nun halt gelegentlich ein Spiel, bei dem es zwicken kann. Aber wir können jederzeit aufhören!

Möchtest du?

Nein.

Dann auf unser Spiel!

Auf unser Spiel!

Darf ich denn ein klein wenig mitspielen?

„So, mein Schatz!", herrschte er sie sarkastisch an. „Hast doch wohl nicht ernsthaft geglaubt, dass du ungeschoren davon kommst?"
Brutal zerrte er sie – die eine Pranke über ihrem Mund, die andere über ihrem Oberarm gekrallt – zur Maschine hinüber, die bis kurz zuvor noch der Tortur der Rothaarigen gedient hatte. Die wilde Wut brach nun in ihr aus. Taktik und Denken hatten versagt. Mit Händen und Füßen wehrte sie sich. Doch es war genauso vergebens wie der Versuch, irgendwelche artikulierten Laute auszustoßen oder auch nur zu schreien in der abwegigen Hoffnung, dass es doch irgendjemand hören könnte.
Die ein paar Minuten zuvor gedachte Möglichkeit, den Sklavinnen in den Fixiergestellen zu befehlen, den Notfallmechanismus auszulösen, der immerhin dazu geführt hätte, dass nicht nur ihre Kopfarretierungen aufgegangen wären, sondern oben im Empfangsraum ein Alarmsignal gedröhnt hätte, war vertan. Eben noch hatte sie es verworfen, weil es nicht in ihren Plan gepasst hätte, nun konnte von Plan keine Rede mehr sein. Genutzt hätte es sicher auch nicht, doch sie hätte jenes letzte Fünkchen Hoffnung in sich bewahrt, das nun endgültig erloschen war.

Die Wut gegen die Gewalt und Übermacht des Folterknechtes wandelte sich schon in dem Moment, in dem er sie trotz heftiger Gegenwehr geknebelt und gefesselt hatte, in Wut, die sich gegen sie selber richtete. Sie begann sich zu hassen für alles, was sie getan hatte. Aus

dem Spiel war Krieg geworden. Es ging um Leben und Tod.
Sie tobte. Die Fesseln schnitten ihr ins Fleisch. Wann würden die Sklavinnen endlich merken, dass es kein Spiel mehr war? Oder hatten sie das schon längst, und der Notfallmechanismus war ausgelöst, aber der Alarm verhallte erwartungsgemäß völlig nutzlos in der Stille des Hauses und des ihn umhüllenden Waldes? Sie konnte es nicht sehen, weil der Folterknecht ihr die Sicht versperrte, alldieweil er damit beschäftigt war, ihr den Kolben der Maschine einzuverleiben.
Was war mit der Rothaarigen? Würde sie vielleicht eine Möglichkeit des Entrinnens finden? Nein, es war unmöglich, das wusste sie ja. Ihr Werk. Alles ihr Werk.

Schon hatte er die Maschine eingeschaltet und gleich im nächsten Moment ließ er die Neunschwänzige mit aller Wucht auf ihren nackten Körper zischen. Alle Insignien ihrer Würde als Herrin hatte er ihr schon längst vom Leib gerissen. Da war nur noch Verzweiflung, die sich in Angst ums nackte Überleben verwandelte.
Erbarmungslos peitschte er auf sie ein. Als er von ihr abließ, begann sich alles um sie herum zu drehen. Das Gewölbe taumelte. Wie durch einen Schleier konnte sie noch wahrnehmen, dass er die Sklavinnen vergewaltigte. Sie registrierte noch, dass der Notfallmechanismus funktioniert haben musste. Verzweifelt wehrten sich ihre zwar befreiten, aber sich vergebens wehrenden Köpfe gegen seinen unnachgiebigen Dorn aus Fleisch. Dann wurde es schwarz.

2-7

Liebe Teresa!

Schön, dass du auf meinen letzten Brief geantwortet hast. Ich finde, Kritik steht dir erst zu, wenn du hier warst. Ist doch alles nur ein Spiel! Kannst ja mal die Meinungen der anderen dazu einholen.... Aber ich vergesse gerade, dass mein Brief dich ja erst später erreichen wird. Ihr seid ja in der Villa. Bin ja mächtig gespannt auf euer 'Quintett'.... Vielleicht schenkst du mir ja wieder die Gnade einiger Informationen!

Die Rothaarige und ich sind seit gestern Abend hier im 'Haus' (der Begriff 'Villa' ist ja schon für euer Lustschlösschen vergeben!) und ich dachte, ich bringe schnell noch einige Zeilen zu Papier, bevor der nächste Schulungskurs losgeht. Ich weiß auch nicht, aber ich habe diesmal so ein komisches Gefühl. Vielleicht hängt es einfach damit zusammen, dass ihr alle nur einen 'Katzensprung' entfernt seid. Ist mir eigentlich auch erst deutlich geworden, als ich mir das neulich noch einmal genau auf der Karte angesehen habe. Eines Tages werden die 'Navis' dazu führen, dass die Menschen gar nicht mehr wissen, wo sie überhaupt sind. Aber das ist ein anderes Thema. Habe mir fest vorgenommen anzurufen oder einfach mal vorbeizuschauen, wenn der Kurs vorbei ist. Aber wer weiß, vielleicht meldest du dich ja vorher und wenn du das liest, konnten wir uns schon längst in den Armen halten.... (Das Schreiben verführt einen gelegentlich zu solch romantisch verbrämten Formulierungen.)

Die Kleine ist schon ganz heiß auf den Kurs. Sie hatte mir abgerungen, ihr schwarzes Lederfaltenröckchen schon auf der Herfahrt anziehen zu dürfen. Die hätte doch glattweg auch das knappe Lederbustier dazu getragen, wenn ich nicht interveniert hätte. Aber mit dem beigefarbenen dünnen Rollkragenpullover, der ihre rote Haarpracht gut zur Geltung kommen lässt, hat sie auch klasse ausgesehen. Die schwarzen, langen Lederstiefel hätte ich fast vergessen, aber das kannst du dir ja denken. Das Ensemble würde dir übrigens auch gut stehen, und ich schätze mal, deinem Gebieter gefiele es.... Ist aber nicht billig, das sag ich dir! Alles vom Feinsten. Nebenbei bemerkt habe ich mir auch etwas Nettes geleistet – hauteng und geil! Nun ja, komm halt. Für dich zieh ich es extra an.

Der Grund dafür, dass ich das Bedürfnis habe, diese Zeilen zu Papier zu bringen, bevor der nächste Kurs los geht, ist folgender: ich will nicht, dass bei dir der Eindruck entsteht, es ginge hier nur um das Training irgendwelcher SM-Praktiken. Ich bin ja im Schreiben noch nicht so geübt wie dein geliebter Geschichtenerzähler und neige dazu abzuschweifen und zu sehr ins Detail zu gehen, wenn ich mal an etwas dran bin. Natürlich war und bleibt für mich im Mittelpunkt die Zielsetzung, dass die 'Schülerinnen' ihre Rolle als Sklavin lernen – und die damit verbundene Macht erfahren! Ich habe das noch nie so deutlich ausgesprochen, aber das mag damit zusammenhängen, dass meine Kleine in den letzten Monaten einen gehörigen Bewusstwerdungsprozess bei mir in Gang gesetzt hat. Möglicherweise ist auch das ein Grund für das seltsame Gefühl, das mich

beschlichen hat. Um es zu orten, muss ich – wie sagt man so schön – voranschreiten!
Die geschilderten und andere, noch nicht beschriebenen SM-Rituale, bilden quasi nur den Rahmen für den eigentlichen Rollenunterricht. Gestatte mir dazu ein paar Erläuterungen. Die Frauen, die hierher kommen, sind ja im Prinzip schon alle bereit, begierig und der lustvollen Unterwerfung nicht abhold. Aber sie haben oftmals ihre Bestimmung noch nicht erkannt: Selbstbewusstheit!

Ich will jedoch nicht ins Psychologisieren abdriften und schon gar nicht ins Philosophieren. Darum schildere ich dir lieber die konkrete Gestaltung. Dann magst du selber urteilen.
Nachmittags wechseln wir in das dritte, kleinere Kellergewölbe, welches zusammen mit den anderen Nebengewölben das Zentralgewölbe umgibt und wie ein kleiner Schulungsraum eingerichtet ist. Hier geht es um das Wesentliche. Alles andere ist doch bloß schmückendes Beiwerk. Um eines vorweg klar zustellen: es geht nicht darum, irgendwelche 'Regeln' einzupauken.
Dein geliebter Jean hat sich diesbezüglich ja damals wirklich ein paar hübsche Dinge einfallen lassen, die durchaus ihren Reiz haben. Heutzutage braucht man ja außerdem nur das Internet zu durchforsten und findet da auch Mannigfaltiges. Das mag alles zweckdienlich sein, doch mir geht es mehr um die 'innere Haltung' – die sich in der Tat auch in der äußeren Haltung widerspiegelt. Es geht um Stolz! Es geht darum, zu seiner dunklen Seite mit Stolz und Hingabe zu stehen. Selbstbewusstheit bedeutet Aktivität. Um es anders auszudrücken: sie sollen nicht lernen, zur Verfügung zu stehen, sondern sich zur Verfügung zu stellen!

Ich habe dazu ein paar kurze Texte entwickelt und sie auf Moderationskärtchen geschrieben. Zu Beginn muss die Rothaarige alle Kärtchen vorlesen und zu jedem Kärtchen beispielhaft etwas vorführen. Anschließend werden die Kärtchen an die Schülerinnen verteilt und der Reihe nach kommt jede von ihnen mit ihrem Kärtchen dran. Das geht dann reihum immer weiter, bis alle einmal jedes Kärtchen vorgelesen und etwas dazu präsentiert hat. Am Ende eines Tages gibt es dann noch die Zusatzaufgabe, dass sich jede Schülerin etwas eigenes Kreatives einfallen lassen muss. So wächst meine Kärtchensammlung stetig.... Ich will es dir nur beispielhaft erläutern. Das alles aufzuschreiben würde zu lange dauern. Aber mal sehen, vielleicht stell ich dir und Jean das Kartenmaterial ja zur Verfügung. Wenn ihr schön lieb zu mir seid – wie zum Beispiel damals im Hotelzimmer. Weißt du noch? Äonen sind seitdem vergangen....

Stell dir also die Rothaarige vor, die, wie gesagt, zu Beginn vortritt, vorliest und vormacht (nichts geht über ein gutes Vorbild!) - exemplarisch: 'Ich bin stolz darauf, die Sklavin meiner Herrin sein zu dürfen. Ich präsentiere meinen Stolz durch meine Haltung: aufrecht, mit leicht gespreizten Beinen und erhobenen Hauptes. Dass mein Blick dabei dennoch zu Boden gerichtet ist, ist ein Signal meines Selbstbewusstseins als Sklavin. Jeder soll es erkennen können.'
Dann legt sie die Karte, die sie in Richtung Klasse vorgetragen hat, zur Seite, dreht sich in der beschriebenen Haltung zu mir und achtet besonders darauf, ihre Schultern nach hinten zu ziehen, um vor allem ihre Brüste vorteilhaft präsentieren zu können. Selbstverständlich belohne ich sie auch exemplarisch, das heißt, ich gehe

zu ihr, nachdem ich das 'Standbild' eine Weile haben wirken lassen, greife unter ihr Röckchen, um ihre Klit zu zwirbeln, und beiße ihr möglicherweise anschließend noch in ihre Nippel. Da fallen mir unterschiedliche Sachen ein. Manchmal ergreife ich auch mit einer Hand fest ihr Kinn, zieh sie herbei und gebe ihr einen langen Kuss. Oder ich verpasse ihr ein paar Brustklemmen.

Eine andere Karte lautet so: 'Ich bin stolz darauf, dass mein Gebieter (mit den 'Anreden' wechsele ich natürlich, damit für jede etwas dabei ist) sich mit mir in der Öffentlichkeit zeigt. Selbstbewusst achte ich auf meine erotische Ausstrahlung und meine entsprechende Aufmachung. Meine Kleidung trägt der Tatsache Rechnung, dass ich mich jederzeit vor ihm – oder anderen, wenn er es wünscht – darbieten kann.'
Natürlich hat meine Kleine keine Probleme, das mit ihrem Assistentinnenoutfit zu demonstrieren. Ruckzuck ist der Reißverschluss ihres Bustiers geöffnet und so ein Faltenröckchen ist in dieser Hinsicht ja ohnehin konkurrenzlos. Aber die langen weißen, plissierten Tunikagewänder der Schülerinnen haben ja durchaus auch eine erotische Komponente, die ihnen das Demonstrieren dieser Regel leicht macht. Mit einem Griff lässt sich der Nackenverschluss öffnen, so dass das Oberteil heruntergleitet und die Brüste frei gibt. Und der hüfthoch geschlitzte Rockteil bietet mancherlei Möglichkeiten der Präsentation. Ich würze das Ganze dadurch, dass ich sie auffordere, sich gegenseitig mit Hilfe einer Ledergerte ein paar schöne, rote Striemchen an den entblößten Stellen beizubringen.

Etwas zögerlicher wird es, wenn es darum geht, die folgende Karte zu interpretieren. Nicht nur die Novizinnen, sondern auch die Sklavinnen, zeigen da einige Skrupel bei der Darbietung.

'Wenn meine Herrin es verlangt, bin ich mit Stolz und ganzer Hingabe bereit, mich anderweitig und auf jede gewünschte Weise zur Verfügung zu stellen. Ihre Lust ist mein Unterpfand, meine Hingabe die Macht meines Stolzes.'

Dass die Statuten der Gemeinschaft eigentlich nur die orale Hingabe verlangen, lasse ich an dieser Stelle außen vor. Hier geht es ja ums Prinzip. Vor der praktischen Darbietung fordere ich die Schülerinnen auf, über diesbezügliche Erfahrungen zu berichten. Am Anfang herrscht da meist betretenes Schweigen, aber nach ein paar Tagen öffnet sich da doch die eine oder andere.

Ausgerechnet die Engelsgleiche war es, die nach langem, schüchternem Zögern eine doch recht unglaubliche Geschichte erzählte. Sie kam mir erfunden vor und erinnerte mich ein wenig an die Geschichte der 'Roman-Isabella' von Jean. Um herauszufinden, ob es wahr oder erfunden war, musste ich sie wirklich ein klein wenig foltern und peitschen. Aber sie ist bei ihrer Geschichte geblieben, und ich habe ihr dann auch geglaubt, obwohl es schon sehr heftig und schier unglaublich ist. Das bezieht sich nicht einmal auf die praktizierten Dinge – hier will ich gar nicht urteilen – sondern eher darauf, welche Entwürdigung hier stattgefunden hat oder, anders ausgedrückt, bis zu welcher Uferlosigkeit sich jemand entwürdigen lässt. Ich glaube, hier muss meine Erziehung ganz woanders ansetzen. Nach wie vor bin ich mir aber gar nicht so sicher, wie viel

'Phantasie' in ihren Schilderungen enthalten war. Vielleicht deuteten sie natürlich auch an, dass da jemand durch die ihr abverlangten Dinge genau diese Grenze der Würde herausfinden wollte. Ich weiß, ein verrückter Gedanke. Er kam mir, weil der Gebieter, der sie gebracht hatte, sich äußerst kalt verhalten hatte – fast so, als sei sie Luft für ihn. Das war schon ein bisschen merkwürdig damals, fast grausam möchte ich sage. Es hätte mich irgendwie beruhigt, wenn es so gewesen wäre – ein Test quasi. Aber ich kann es wirklich nicht sagen. Leider konnte ich es auch nie herausfinden. Der Kontakt ist danach abgebrochen. Ich glaube nicht, dass wir die in der Gemeinschaft wiedersehen werden. Von irgendwoher hörte ich, sie hätte später mit allem gebrochen und sei ganz weit weg auf die andere Seite der Welt verschwunden. Gut so, denke ich einerseits. Andererseits hinterlässt es doch ein gewisses sorgenvolles Gefühl.
Die Einzelheiten will ich dir ersparen und, wenn ich ehrlich bin, erwähne ich die Geschichte auch hauptsächlich deswegen, weil ich immer noch nicht sicher bin, was damals auf Schloss B. angesichts des Erlebten in dir so vor sich ging.

Die Engelsgleiche erzählte also, um es kurz zu machen, dass sie meist einen Keuschheitsgürtel tragen müsse, zu dem nur ihr Gebieter den Schlüssel habe und den sie nur für den Schulungskurs habe abnehmen dürfen. Fast hätte ich damals eingewendet, dass das an sich ja nichts Besonderes sei, wenn es zum gemeinsamen Spiel halt in gegenseitigem Einvernehmen dazu gehöre, aber ich war im Nachhinein froh, dass ich nichts gesagt habe. Hier ging es um ganz anderes. Einmal pro Woche, so erzählte sie, lud ihr Gebieter zwei Bekannte ein. Zunächst müsse sie bei diesen sich über einen ganzen Abend hinziehenden Events alle drei bewirten, für Getränke sorgen und, wie sie es auch immer wünschten, bedienen. Sie sei dabei nur mit dem Keuschheitsgürtel und dazu passenden und ebenfalls aus blau schimmerndem Edelstahl gefertigten Arm-, Hals- und Fußfesseln bekleidet, die ihrer späteren Fixierung dienten. In einem extra dafür eingerichteten SM-Raum gebe es dazu diverses Mobiliar.

Meist würde sie bäuchlings über eine große Bank gelegt. Mit weit gespreizten und an Ketten fixierten Beinen und Armen – in einer Position, die es ermögliche, sie oral und anal zu nehmen. Ach ja, ich vergaß zu erwähnen, dass der Keuschheitsgürtel ein Modell ist, das den Po ganz frei lässt. Das fixe Vorderteil ist vom Schritt aus durch Ketten mit dem um die Taille führenden Metallreif verbunden.

(Nebenbei bemerkt deutete ihre recht detailverliebte Schilderung dieses Keuschheitsgürtels und zweier weiterer Modelle, die sie damit im Wechsel trage, meines Erachtens daraufhin, dass sie sich dieses 'Los' selber ausgesucht hatte. Es soll ja Frauen geben, die diese extreme Form der Selbstkasteiung wählen.)

Häufig würde sie dann erst einmal ausgepeitscht als Strafe für die von ihr beim Bedienen begangenen Fehler, bevor dann im Laufe des Abends 'Besuch' käme. Ich übernehme nur ihre Formulierung. Nach ihrer Einschätzung handelte es sich um wechselnde Prostituierte – aber ich habe da so meine Zweifel. Manchmal kämen diese 'Damen' in Begleitung eines von ihr als 'grobschlächtig' beschriebenen Typen, der mich aufgrund ihrer Worte an den ehemaligen Gebieter der Rothaarigen erinnert. Wenn meine Vermutung zutrifft, treibt dieser Typ also offenkundig anderweitig sein Unwesen. Irgendwie gibt mir das Anlass zur Sorge, denn es könnte ja möglich sein, dass er durch die Engelsgleiche von unserer Schule erfahren hat. Diesbezüglich habe ich damals leider nicht viel aus ihr herausbekommen. Dass sie nicht allzu viel mitkriegt, erscheint auch plausibel angesichts dessen, was sie da so mit ihr treiben. Und Fragen zu stellen hat sie sich, so berichtete sie damals, wirklich abgewöhnt, seitdem sie dafür aufs Heftigste geohrfeigt wird. Ich finde so etwas entwürdigend! Das Thema 'Grenzen' ist immer wieder virulent. Und bei diesen 'Events', wie sie es nannte, allemal!

Es gibt da wohl unterschiedliche Verläufe, aber im Prinzip geht es jedes Mal um ihre absolute Demütigung. Nachdem sie allen die Schwänze gelutscht hat, wird sie von ihnen nacheinander in den Arsch gefickt. (Ich benutze diese Ausdrucksweise nur, um das Drastische des Geschehens zu verdeutlichen.) Manchmal passiert auch beides gleichzeitig, wobei der 'freie' Mann ihr zudem auf den Rücken peitscht. Letzteres wird gelegentlich auch von den 'Prostituierten' übernommen.
Hauptzweck ihres Erscheinens ist es jedoch, dem Gebieter der Engelsgleichen zur Verfügung zu stehen, während diese in ihrer fixierten Position zusehen muss – zusehen, wie er sich erst oral verwöhnen lässt, und zusehen, wie er dann mit höchster Lust die andere fickt. Dass sie dabei weiterhin von den beiden anderen Typen anal penetriert wird, erwähnte sie nur ganz nebenbei, was nur ein Spiegel ihrer Empfindung ist, dass die wah-

re Qual die des Zusehenmüssens ist: der von ihr Geliebte schenkt seine Lust einer anderen.
Wenn der 'Grobschlächtige' dabei ist, verläuft alles noch eine Spur brutaler. Der scheint so eine Art 'Oberboss' zu sein, der sie auch vaginal durchficken darf. Zu diesem Zweck wird ihr der Keuschheitsgürtel entfernt und sie wird so positioniert, dass der 'Oberboss' nur zwischen ihre weit gespreizten und an von oben herab hängenden Ketten fixierten Beine treten muss, wenn er sie nehmen will. Gleichzeitig können die anderen sich ihres nach hinten herunterhängenden Kopfes bedienen. Zwischendurch wird sie immer wieder vom 'Grobschlächtigen' oder manchmal auch von den 'Prostituierten' gepeitscht – zwischen die Beine und auf Bauch und Brüste.

Ich beende das jetzt mal. Soviel zum Thema Stolz und Selbstbewusstsein. Mir sind damals Zweifel gekommen, die ich wieder verdrängt habe – vielleicht deshalb, weil die Arbeit mit den anderen Kursteilnehmerinnen, auch denen des nächsten Kurses, stets lustvoll und spielerisch leicht war. Gerade diese 'Kärtchenmethode' hat sich zur zentralen 'Institution' entwickelt und ich hätte da noch eine Menge zu berichten. In den meisten steckt doch ganz tief verborgen ein schauspielerisches Talent, beziehungsweise zumindest die Lust auf Schauspielerei!

Nun geht's also weiter mit dem nächsten Kurs. Wenn wir uns sehen sollten, kannst du ja all deine drängenden Fragen los werden.... Mir fällt gerade auf, dass ich auch noch gar nichts über den vierten Raum da unten geschrieben habe. Möglicherweise hat das damit zu tun, dass ich mich davor gedrückt habe einzugestehen, dass ich da erstens noch nicht so weit bin und zweitens inzwischen meines eigenen Vorhabens unsicher bin. Das ist dunkel.... - vielleicht aber auch eine Möglichkeit für Jeans 'tableaux vivants'. Nun ja, seht ihr ja dann, wenn ihr mal herkommt. Ich glaube ja fest daran, dass es bald sein wird....

Den neuen Kurs starte ich mit drei Teilnehmerinnen – zwei Gebieter-Sklavinnen und einer Herrinnen-Sklavin. (Ich erwähnte schon kurz, dass du sie kennst, aber es schien dich nicht zu interessieren. Jedenfalls hast du darauf nicht reagiert. Vielleicht wolltest du ja auch nicht erinnert werden an die Phase deines 'Taumelns'. Oder sollte ich sagen: an die Phase deiner 'Selbstfindung'? Damals in der Villa vor deinem ersten Ball bist du ihr begegnet.)

Die zwei Herrinnen-Novizinnen kommen erst einen Tag später. Das ist natürlich nicht ideal, aber es ging nicht anders. Vielleicht rührt mein komisches Gefühl auch daher. Es bringt den ganzen Beginn durcheinander. Aber Durcheinander erzeugt oft Neues, würdest du jetzt sicher einwenden. Es sei nur mein Drang zu Perfektion und meine Zwanghaftigkeit. Stimmt schon. Deswegen empfinde ich ja auch eine gewisse Sympathie für deinen über alles geliebten Jean! Wir sind uns da nicht unähnlich.... Aber pass nur auf. Gegensätze wie ihr zwei ziehen sich zwar magisch an, aber sie stoßen sich auch schnell wieder ab! Aber Gleich und Gleich gesellt sich immer gern! Kommt also am besten zusammen....

In diesem Sinne. Bis bald.

E.

3-7

Sie war ganz froh, als die Männer wieder da waren. Das 'Frauengespräch' hatte sich noch eine ganze Weile um die kleinen und großen Eifersüchteleien gedreht. Zwar hatte sie sich selbst cool gegeben und gar nicht thematisiert, wann sie es zwickte, aber sie spürte, dass dies eine Sackgasse war. Die Idee, dass alles um sie herum nur ein Spiegel ihrer eigenen Seele war, beschäftigte sie immer häufiger. Sie wusste nur nicht, ob sie es bedrohlich oder spannend finden sollte.
Gemeinsam bereiteten sie das Abendessen vor. Die Gespräche kreisten um die verschiedenen Projekte: wie es mit Teresas Verlag weiterginge, was die Verlagerung ihres eigenen und Jacques' Geschäfts in die Villa nach sich zöge, und natürlich ging es auch um den nächsten Ball auf Schloss B. Jean und Teresa hielten sich sehr bedeckt, was die gemeinsame Schreiberei anbelangte, und bezüglich der 'tableaux vivants' tat Jacques sehr geheimnisvoll und deutete nur an, dass es um Aktuelles ginge. Ein wenig angespannt erschien die ganze Atmosphäre, doch als sie mit dem gemeinsamen Mahl an der festlich gedeckten Tafel begannen, löste sich die Anspannung allmählich auf.
Entscheidenden Anteil daran hatte – neben dem hervorragenden Costiere de Nimes, von dem Jacques einige Flaschen aus dem Weinkeller bereitgestellt hatte, eine unerwartete und ganz zügige und klare Aktion Isabellas. Nach der Vorspeise entschuldigte sie sich mit dem Hinweis, dass sie kurz auf ihr Zimmer verschwinden müsse. Es dauerte wirklich nicht lange, bis sie wieder zurück war, und es war nicht nur ihr verändertes Äußeres,

das sofort aller Augen auf sich zog, sondern ihre Art, sich in eine Positur zu versetzen, die ohne Worte zum Ausdruck brachte, dass sie etwa Wichtiges zu sagen hätte.

Sie hatte sich umgezogen. Allein das setzte schon einen besonderen Akzent. Das schulterfreie, weiße Chiffonkleid, das sie sich angezogen hatte, verlieh ihr etwas engelhaft Schwebendes und mutete zugleich ein wenig brauthaft an. Es handelte sich um ein trägerloses Bandeaukleid, dessen gesmoktes Oberteil ihre Brüste umschmiegte, um dann in einen weit schwingenden, zweilagigen, etwas mehr als knielangen Rock überzugehen, dessen obere Lage aus transparentem Chiffon mit kleinen weißen Punkten bestickt und ein wenig kürzer als die darunter gelegene weiße Satinschicht war. Einen Kontrast zum leuchtenden Weiß des Kleides bildete lediglich das fliederfarbene, um die Taille gegürtete Satinband und die gleichfarbigen High-Heels. Gar anmutig war es anzuschauen, wie sie den feinen Stoff des Rockes mit beiden Händen ergriff, ein wenig raffte und dabei in gekonnter Weise knickste. In ihren Bewegungen lag nur Harmonie. Nicht im Entferntesten hatte es etwas Aufgesetztes oder gar erzwungen Erlerntes.
Ein kurzer Blick zu Teresa hinüber, deren Augen leuchteten, verriet Gudrun, was sie bisher nur geahnt hatte: zwischen den Beiden gab es Schwingungen, in denen Stolz und Ergebenheit, gegenseitiges Einverständnis und aufopferungsvolle Liebe lag. Jeans Mimik blieb ausdruckslos und das nährte den Verdacht in ihr, dass hier trotz aller Beteuerungen Teresas noch etwas im Argen lag. Saß da doch ein kleiner Stachel der Eifersucht

in ihm? War das sein 'aktuelles Thema'? Mehr noch, als es das ihre war?

Während Isabella ihre Worte, die sie mit Bedacht gewählt zu haben schien, in die aufnahmebereite Stille des Raumes gleiten ließ, erhellte sich Jeans Gesichtsausdruck allmählich – so als ob er auf etwas Ähnliches schon lange gehofft hätte.
„Liebe Freunde", begann sie, legte eine kurze, aber ausdrucksstarke Kunstpause ein und fuhr dann fort: „Ich freue mich, in eurer Mitte sein zu dürfen. Meinen Fauxpas bezüglich meiner Kleidung habe ich, wie ihr sehen könnt, korrigiert."
Noch immer hielt sie den seidigen Stoff des Rockes in ihren Händen und ließ ihn sanft um ihre Schenkel gleiten.
„Ich meinte es nur gut, aber wie ihr ja wahrscheinlich selbst alle wisst, kommt das, was man besonders gut meint, selten besonders gut an."
Das war natürlich ausschließlich an Jean gerichtet, und es beruhigte sie irgendwie, als sie wahrnahm, dass er bei dieser Bemerkung ganz sachte nach Teresas Hand griff.
„Ich hoffe", fuhr Isabella fort, „ich gefalle euch so – als Braut, die sich in eure Mitte traut."
Ihr zaghaftes Lächeln an dieser Stelle deutete an, dass ihr diese Worte selbst etwas gestelzt vorkamen. Nach einer kurzen Pause setzte sie noch einmal neu an: „Nun ja. Was ich sagen will ist Folgendes: ich möchte für euch da sein – als Freundin für euch alle und als zukünftige Mitarbeiterin für Jacques und Gudrun. Ich freue mich darauf und wünsche mir, dass ihr mich annehmen könnt – so wie ich bin."

Hier legte sie wieder eine Pause ein, so als sei sie erschrocken über ihrer Formulierung, von der sie aber unmittelbar wusste, dass sie genau das Richtige zum Ausdruck brachte und an die sie daher auch direkt anknüpfte.
„Ich bin – mit Verlaub – ein wenig so wir ihr und spiele gerne. Verzeiht mir, wenn ich es so einfach ausdrücke, aber die Welt ist schon kompliziert genug. Vielleicht sind wir es aber auch, die kompliziert sind und bedienen uns des Spiels, um uns selbst zu vereinfachen."

Sie stockte hier und fuhr, sich entschuldigend, fort: „Verzeiht mir noch einmal. Ich will nicht philosophieren. Ist bloß so raus gerutscht. Ich wünsche mir nichts Sehnlicheres, als dass ihr mich gelegentlich mitspielen lasst. Als eure Dienerin, die eure Liebe zueinander akzeptiert, die euch die ganze Kraft ihrer eigenen Liebe schenken möchte und die vielleicht ein klein wenig von euren großen Liebe zu erhaschen wagen darf. Ich.... Mehr weiß ich nicht...."
Sie ließ ihre Arme herabgleiten und senkte mit einem tiefen Ausatmer ihren Blick zu Boden. Ihre Erregung darüber, dass und wie sie sich artikuliert hatte, war spürbar und äußerlich sichtbar. Ihre Brüste hoben und senkten sich und im Schein der seitlichen Wandbeleuchtung und der flackernden Kerzen konnte man die kleinen Schweißperlen ausmachen, die sich auf ihrer Stirn gebildet hatten.
Der Moment des Schweigens, der Isabellas Rede folgte, erschien Gudrun ehrfurchtsvoll und abwartend zugleich – abwartend, dass die einzig mögliche Reaktion bald käme. Sie kam ganz bald. Jean erhob sich, nahm sein Glas mit, beugte sich im Vorbeigehen zu Teresa hinun-

ter, um ihr einen Kuss aufs Haupt zu drücken, ging um den Tisch herum zu Isabellas Platz, um auch ihr Glas zu ergreifen, ging dann zu ihr, reichte ihr das Glas und sagte langsam und getragen nur fünf Worte, fünf klare Worte: „Willkommen in unserer Runde, Spielgefährtin!"
Fünf Worte, fünf Spielgefährten, ging ihr durch den Sinn und sie wusste nicht so recht, was sie bei der Konkretisierung dieses Gedankens empfinden sollte.
Jean legte seinen linken Arm um Isabellas Schulter, dann stieß er mit ihr an und prostete den anderen zu. Er zog Isabella an sich heran, freundschaftlich und nah, und ließ gleichzeitig seinen Blick ruhig und liebevoll in dem Teresas ruhen. Das beruhigte sie. Warum, wusste sie selber nicht so genau.
Merkwürdigerweise beruhigte sie noch mehr, dass er dann plötzlich, aber nicht ganz unerwartet, auf die Spielebene wechselte. Nachdem er Isabella Zeit gelassen hatte, ihr Glas in einem Zug auszutrinken, nahm er ihr es wieder ab und forderte sie auf: „Nun denn, dann geh als Erstes zu deinen Gebieterinnen und küsse sie – deiner Stellung entsprechend!"

Es war Isabella anzumerken, dass sie mit dieser Zügigkeit der Entwicklung nicht gerechnet hatte. Fast schien sie ein wenig zu schwanken, was auch Jean bemerkte und sie eine Weile beruhigend am Arm festhielt. Als sie sich gefasst hatte, handelte sie aber so zügig, wie Jeans Spieleröffnung es vorgegeben hatte. Während Isabella zu Teresa hinüberging, suchte sie Jacques Blick und fand ihn auch. Den Hauch von Amüsement, den sie darin wahrnahm, empfand sie als wohltuend. Ihr 'Ernst' war durch das 'Spiel' nicht in Gefahr.

Isabella knickste vor Teresa und sprach flüsternd: „Ich bitte meine Gebieterin, dass sie aufsteht und mich sie küssen lässt."
Teresa und Jeans Blicke ruhten wieder ineinander, als Teresa sich erhob. Isabella ergriff, nach unten blickend, ihr Kleid und zog es etwas hoch, um sich dann vor Teresa hinzuknien. Dann schob sie die plissierte Stofffülle von Teresas Rock nach oben und drückte ihr langsam und mit zärtlicher Hingabe einen Kuss auf ihr Geschlecht. Gudrun hatte das Gefühl, dass es der Hauch eines Zungenkusses gewesen sein könnte, denn für einen Moment schloss Teresa die Augen und legte ihrer Dienerin die Hände aufs Haupt. Anschließend half sie ihr hoch und wies ihr den Weg zur nächsten Spielgefährtin.
Gudrun war zwar irgendwie erleichtert gewesen, dass Jean sie sofort gleichberechtigt miteinbezogen hatte, aber in dem Moment, als sie sich nach Isabellas Knicks erhoben hatte, war ihr doch nicht ganz geheuer zumute. Aber Jacques' Blick wirkte ermutigend. Sie ließ also zu, was Isabella tat, nachdem sie sich hingekniet und ihren Ledermini hochgeschoben hatte. Sie bekam den gleichen Liebesdienst erwiesen. Es war wirklich ein Zungenkuss und sie konnte nicht umhin, darunter zu erschauern.
Jacques schien es bemerkt zu haben, denn nun übernahm er die Regie. Er wartete, bis auch sie der Dienerin die Hände aufs Haupt gelegt und ihr dann aufgeholfen hatte und sagte: „Und nun wollen wir, bevor wir zur Hauptspeise übergehen, der Dienerin die Gelegenheit geben, sich den Gebietern zu zeigen!"

Als ob sie es schon erwartet hätte, ging sie mit großer Selbstverständlichkeit in die Mitte, wartete, bis sich alle wieder hingesetzt hatten und zögerte dann doch einen Moment. Ihr war aber anzusehen, dass ihr Zögern nicht mit der von ihr erwarteten Präsentation zusammenhing, sondern dass sie über etwas nachdachte. Sie begann an ihrem Kleid herumzunesteln und fragte dann sichtlich nervös mit zaghafter Stimme: „Darf ich noch eine Bitte äußern?"

Nun ergriff wieder Jean das Wort und der Tonfall seiner Stimme verriet, dass er mit Bewusstheit auf der Spielebene blieb: „Selbstverständlich jederzeit, doch wenn es gilt, den Wunsch eines Gebieters oder einer Gebieterin zu erfüllen, hat das zunächst Vorrang. Also zeige dich und dann hören wir deine Bitte!"

Offensichtlich missfiel ihr das, aber schließlich beugte sie sich vor – und ihre Gestik unterstrich sogar die 'Beugung'. Ihre geöffneten Handflächen glitten nach unten, drehten sich langsam und ergriffen den Saum ihres Kleides. Sie raffte ihn zusammen mit dem zarten Chiffonoberstoff und zog ihn allmählich empor. Gänzlich nackt, wie sie war, präsentierte sie ihren Zuschauern ebenmäßige Schenkel und ein akkurat geschnittenes Haardreieck. Mit zu Boden gesenktem Kopf hielt sie inne und schien auf die Erlaubnis zu warten, ihr Kleid wieder herunterlassen zu dürfen.

Überraschenderweise war Teresa es, die sich in diesem Moment zu Wort meldete: „Bleib so und sage uns nun deine Bitte!"

Das war mehr als ein Signal. Es deutete Obhut an - die Obhut der Gebieterin, die sich im Beziehungsgeflecht des Spiels Platz verschaffte. Isabella blickte erstaunt auf. Damit hatte sie nicht gerechnet. Als sie Sicherheit

in Teresas Blick Blick fand, sagte sie dann aber recht schnell, wie um es loszuwerden: „Ich möchte nicht mit nach Schloss B. fahren. Bitte!"
Es knisterte irgendwie im darauf folgenden Schweigen. Es war das Echo der Schatten lange zurück liegender Ereignisse. Jean wollte gerade anheben zu sprechen, als Teresa ihm sanft ihre Hand auf den Arm legte, um ihn zurückzuhalten. Sie behielt das Heft in der Hand. Schnell erhob sie sich, ging zu Isabella hinüber und streckte ihr ihre Hände entgegen. Wortlose Annahme. Isabella ließ das Kleid hinabgleiten und legte ihre Hände vertrauensvoll in die der Freundin, die das Spiel einfühlsam unterbrochen hatte und es doch sogleich wieder aufnahm. Sie umarmte Isabella, führte sie zu ihrem Platz und murmelte leise und doch für alle hörbar: „Ich pass schon auf dich auf, mein Schatz!"
Dann drückte sie ihr noch einen fürsorglichen Kuss auf die Stirn, ging wieder zu ihrem Platz und fügte noch an: „Bin ich doch schließlich als Gebieterin für zuständig!"
Ihr leicht schelmischer Unterton verdeutlichte die kurze, aber prägnante Reflexion der Spielsequenz. Teresa hatte einen ungewöhnlichen und für sie neuen Schritt getan. Gudrun war davon angetan – und die Herren offenbar auch. Kommentarlose Akzeptanz.

Nun, und erst jetzt, da sie zusammen speisten und sich Heiterkeit breit gemacht hatte, konnte Jean das anbringen, was er offenbar zuvor schon hatte sahen wollen: „Da geht mir ja die Hauptakteurin meines schönsten 'tableaus' verloren!"
Teresa hatte gut Regie geführt und tat es immer noch. Mit ihrem aufgesetzten, kleinmädchenhaften Schmoll-

mundblick entgegnete sie: „Wart's nur ab Henry Higgins!"
Jean musste lächeln und ließ es kommentarlos stehen, als sie noch anfügte: „ Wir sind jetzt zu dritt und ihr nur zu zweit!"
Die Heiterkeit wandelte sich in Ausgelassenheit. Teresas Solidarisierungssequenz hatte Isabella wieder ins Boot geholt. Zumindest einmal mitproben wollte sie dann doch.

Die Aufstellung des 'tableaux' über die Allegorie der Eifersucht ging dann später ganz zügig über die Bühne. Natürlich hatte Jean damit mitten ins Schwarze getroffen. Es war sein Thema und es war aller Thema. Er war eifersüchtig wegen der geheimnisvollen Schwingungen zwischen Teresa und Isabella. Teresa war eifersüchtig, weil Isabella nun dort war und sie wieder in ihren Verlag in die Hauptstadt musste und ein wenig natürlich auch immer schon wegen Gudrun, die ja immer dort war. Gudrun war auch eifersüchtig, obwohl sie gar nicht mehr wusste, warum. Und Jacques war ohnehin immer etwas eifersüchtig auf Jean, warum auch immer. Vielleicht, weil seine Männlichkeit darunter litt, dass Jean wohl doch der 'Oberboss' war. Nur Isabella schien ganz frei von solchen Verstrickungen zu sein. Deswegen war sie natürlich dazu prädestiniert, das Zentrum des 'tableaux' zu bilden – als unschuldsvolle, verführerische, ihr weißes Kleidchen hochhebende Braut. Sie konnte es denn auch mit Leichtigkeit zulassen, dass sich das lebende Bild zu einem lebendigen Lustspiel entwickelte, in dessen Verlauf sie abwechselnd ihre Gebieterinnen verwöhnte, währen die ihre Gebieter sucierten, in dessen weiterem Verlauf auch sie die Gebieter sucieren

musste und dabei von ihren Gebieterinnen abwechselnd gepeitscht wurde und in dessen noch weiterem Verlauf sie mit lasziv verführerischer Nacktheit zusehen musste, wie die Gebieter ihre Sklavinnen – ihre Gebieterinnen – nahmen.
Als sie anschließend ihre Ermattung auskosteten und Jean ankündigte, dass er noch zwei weitere 'tableaux' probeweise stellen wollte, die 'Fünf Sinne' und die 'Zeit', streikten alle und vertrösteten ihn auf ein anderes Mal. Lediglich Isabella war immer noch bereit. Gudrun und Teresa trieben es ihr gemeinsam aus. Jean und Jacques folgten dem Treiben der Gebieterinnen mit ihrer Sklavin.

Jacques' Handy klingelte erst, als auch Isabella befriedet war. Dann ging alles sehr schnell. Es brauchte nicht vieler Worte. Da passierte etwas, das nicht passieren durfte. Sie quetschten sich alle in ein Auto und fuhren los. Unterwegs erläuterte Jacques, dass er in Evas 'SM-Keller', ohne dass sie davon wusste, einen zusätzlichen Notfallmechanismus eingebaut habe, weil ihm das alles nicht ganz geheuer vorgekommen war. Er habe an einigen Geräten Infrarotsensoren installiert, welche die Körperwärme registrierten. Sobald die Kellertür verschlossen würde und noch Personen an diesem Geräten fixiert seien, alarmiere ein Signal die oberen Etagen. Wenn nach einer Weile niemand reagiere und den Signalton abstelle, würde automatisch seine Handynummer angerufen.

Gudrun registrierte das alles mit großem Erstaunen und nahm sich vor, ihn zur Rede zu stellen. Dass er davon nichts erzählt hatte, war ihr völlig unverständlich.

Auch, dass seine Maßnahme schließlich zur Rettung der Frauen führte, relativierte das für sie nicht.

Als sie in den Weg einbogen, der in das abgelegene Waldstück führte, in dem Evas Haus lag, kam ihnen ein Fahrzeug mit abgeblendeter Beleuchtung entgegen. Jean und Jacques blickten sich nur an und auch sie, die mit den beiden anderen Frauen hinten im Auto saß, tauschte mit diesen lediglich stumme Blicke aus. Sie hatten alle das gleiche mulmige Gefühl. Jacques fuhr so schnell, wie es der abschüssige Weg zuließ. Als sie ausstiegen, rauschte der erste Herbststurm durch die Wipfel.

Nach einem ersten Lagecheck beschlossen Jean und Jacques, die Verfolgung des Folterknechtes und der von ihm entführten Rothaarigen sofort aufzunehmen.
Sie kümmerte sich zusammen mit Teresa und Isabella um die gemarterten Frauen.

4-7

Mein Liebwertester!

Nach all den Wirrungen der letzten Zeit ist nun etwas Ruhe eingekehrt. Gestern war ich bei Eva und der Rothaarigen. Allmählich rappeln sie sich auf. Eva erwägt, das Haus im Wald wieder zu verkaufen und das ganze Projekt aufzugeben. Aber sicher ist sie sich da noch nicht.
Sie hat sogar schon wieder einige ihrer Sticheleien vom Stapel gelassen. Was denn wohl mein Gebieter dazu sagen würde, wenn er wüsste, dass ich dicke weiße Wollstrumpfhosen trage. Ich blieb auf der Ebene und habe ihr geantwortet, dass es mir mein Gebieter erlaubt hat. Stimmt doch auch, oder? Ist nämlich ganz schön kalt geworden, hier in der Hauptstadt.
Ja! Natürlich hatte ich dazu mein kurzes, blaues Faltenröckchen an, du Quäler.... Sieht aber auch wirklich schick aus mit den langen Stiefeln dazu, die wir neulich gekauft haben!

Eva und die Rothaarige haben immer noch Angst, dass der 'Folterknecht' wieder auftauchen könnte, aber ich konnte sie wohl beruhigen. Nach der Abreibung, die Jacques und du ihm erteilt habt und der Bloßstellung seiner Untaten allen gegenüber, wird der sich so schnell nicht wieder blicken lassen.

Ich frage mich, ob wir alles, was passiert ist, einfach so hintereinander weg, wie es geschehen ist, aufschreiben sollten. Da haben wir ja schon einmal darüber gestrit-

ten. Ich tendiere nach wie vor dazu, es so zu tun. Sollen die Leser sich selbst Gedanken machen, was davon nun Projektion ist und was nicht. Ist doch wie im richtigen Leben.... Wenn du das nächste Mal herkommst, können wir uns das Ganze ja mal vorlesen und schauen, wie es wirkt. Was hältst du davon?

Interessant wäre es übrigens auch noch, den Geschichten der Personen nachzugehen, die nur am Rande vorkommen: das 'Nadelstreifenpaar' zum Beispiel oder das 'Trio', das Eva erwähnte. Ob da wirklich eine 'Herrin' ein Sklavenpärchen hielt...?
Du kannst ja mal ein paar Nachforschungen anstellen. Momentan fühle ich mich ganz schön allein hier. Und du hast sie da alle um dich! Naja, manchmal wohl wenigstens. Find ich irgendwo ungerecht. Nein, ist schon gut. Ich beklage mich nicht. Haben wir uns ja beide so ausgesucht. Ist okay!
Werde übrigens morgen mit Eva und der Rothaarigen ins Kabarett gehen. Da gibt's so eine Fünfziger-Jahre-Parodie – mit vielen hübschen Damen in schönen Petticoatkleidern und Nahtnylons. Wirst du ein wenig neidisch? Kannst ja schnell rüberjetten.... Weiß doch, dass du insgeheim solche Klamotten viel schöner findest als die kurzen Röckchen, oder?

Nun sei lieb gegrüßt und umarmt und lass es dir gut gehen – aber nicht zu gut.... Grüße also die Freunde herzlich und gib Isabella einen dicken Kuss von mir.

In Liebe. DS

Es weiter!

Im dritten Teil der Schloss B. - Reihe gibt es eine ganz große Hochzeit! Von wem? Schauen wir mal....

So viel sei verraten: die *Rothaarige* ist wieder mit von der Partie und *Eva* natürlich auch. Dieser merkwürdige *Nadelstreifentyp* hat auf einmal ziemlich das Sagen und dann gibt es da noch diesen *Chauffeur*, der bislang nur am Rande auftauchte. Hat der noch andere Aufgaben, als mit seiner alten englischen Limousine die vornehmen Herrinnen,Sklavinnen und Gebieter herumzukutschieren?

Jean P.

Der Autor über sich:

'Jean P.'?
Klar, das ist mein Pseudonym. Aber es ist auch mein *alter ego*. Wenn *Jean P.* redet, dann höre ich zu und schreibe - seine Träume, seine Fantasien, seine andere Wirklichkeit....
In dieser Wirklichkeit bin ich 1956 geboren und habe neben den Dingen, die dem Broterwerb dienten, schon immer geschrieben – aber nie daran geglaubt, dass es auch jemand lesen will.
Aber es wollten...!
So darf ich mich denn als 'Spätberufener' bezeichnen? Vielleicht klingt da gerade der Euphemismus Jean P.'s aus seiner anderen Wirklichkeit heraus. Wie dem auch sei, es ist eine spannende Wirklichkeit. In dieser Wirklichkeit spielen Träume und andere Äußerungen unseres Unbewussten eine große Rolle.
Mit dieser Wirklichkeit habe ich mich über viele Jahre beruflich beschäftigt. Gelegentlich gab es da erste Versuche der literarischen Bearbeitung von Träumen.
Dann dachte ich: *'sex sells'* und veröffentlichte 2007 meinen ersten erotischen Roman. Zwei weitere folgten 2008 und 2009 *(Verlag 'Club der Sinne', Berlin).*
Aber die Wirklichkeit Jean P.'s, in denen die lust- und leidvollen Erlebnisse seiner Protagonisten aus dem Blickwinkel des inneren Zensors betrachtet werden, sind nicht jedermanns Sache. Viele wollen lieber *reines* Sexgeflüster. Jean P. jedoch möchte gerne weiter der Frage nachgehen: was erleben die Heldinnen und Helden der Geschichten wirklich? Was geht in ihren Köpfen und in ihrer Seele vor? Was passiert mit ihnen, wenn sie sich verlieben und verlieren, sich verirren und finden?
Jean P. freut sich, für die Geschichten, die sich um diese Fragen drehen, beim Verlag *Telegonos-Publishing* eine neue Heimat gefunden zu haben.

Werke von Jean P. bei Telegonos-Publishing:

„Das Dienstmädchen"
„Erinnerungen an Schloss B."
„Die Rückkehr des Folterknechtes"
„Hochzeit auf Schloss B."
„Liebestaumel – Ein erotisches Capriccio"
„Trio der Liebe"
„Undercover!"

www.telegonos.de/aboutJeanp

Die an einigen Stellen erwähnten Rückerinnerungen beziehen sich auf die beim Verlag 'Club der Sinne' 2007-2009 erschienenen Werke Jean P.'s

„Claires Traum oder: Die Kunst der Erziehung"
„Lauras Verlangen oder: Die Kunst der Inszenierung"
„Teresas Begehren oder: Die Gunst des Augenblicks"

Wir freuen uns über Ihren Besuch!

www.telegonos.de

www.ingramcontent.com/pod-product-compliance
Lightning Source LLC
Chambersburg PA
CBHW031445040426
42444CB00007B/977